Die Welt erleben

SÜDAFRIKA

Ich glaube fest daran, dass Südafrika der schönste Ort auf Erden ist. Natürlich bin ich voreingekommen. Aber wenn man die Naturschönheiten von Südafrika mit der Gastfreundschaft und Kulturvielfalt unserer Einwohner verbindet, und zudem beachtet, dass das Land ein Paradies für unsere Tierwelt ist, dann bin ich überzeugt, dass sogar der gewissenhafteste Kritiker mit mir übereinstimmen würde, dass wir mit einem wahrhaft wundervollen Land gesegnet worden sind.

Nelson Mandela

Die Welt erleben

SÜDAFRIKA

Am schönsten Ende der Welt

Dirk Bleyer
Roland F. Karl

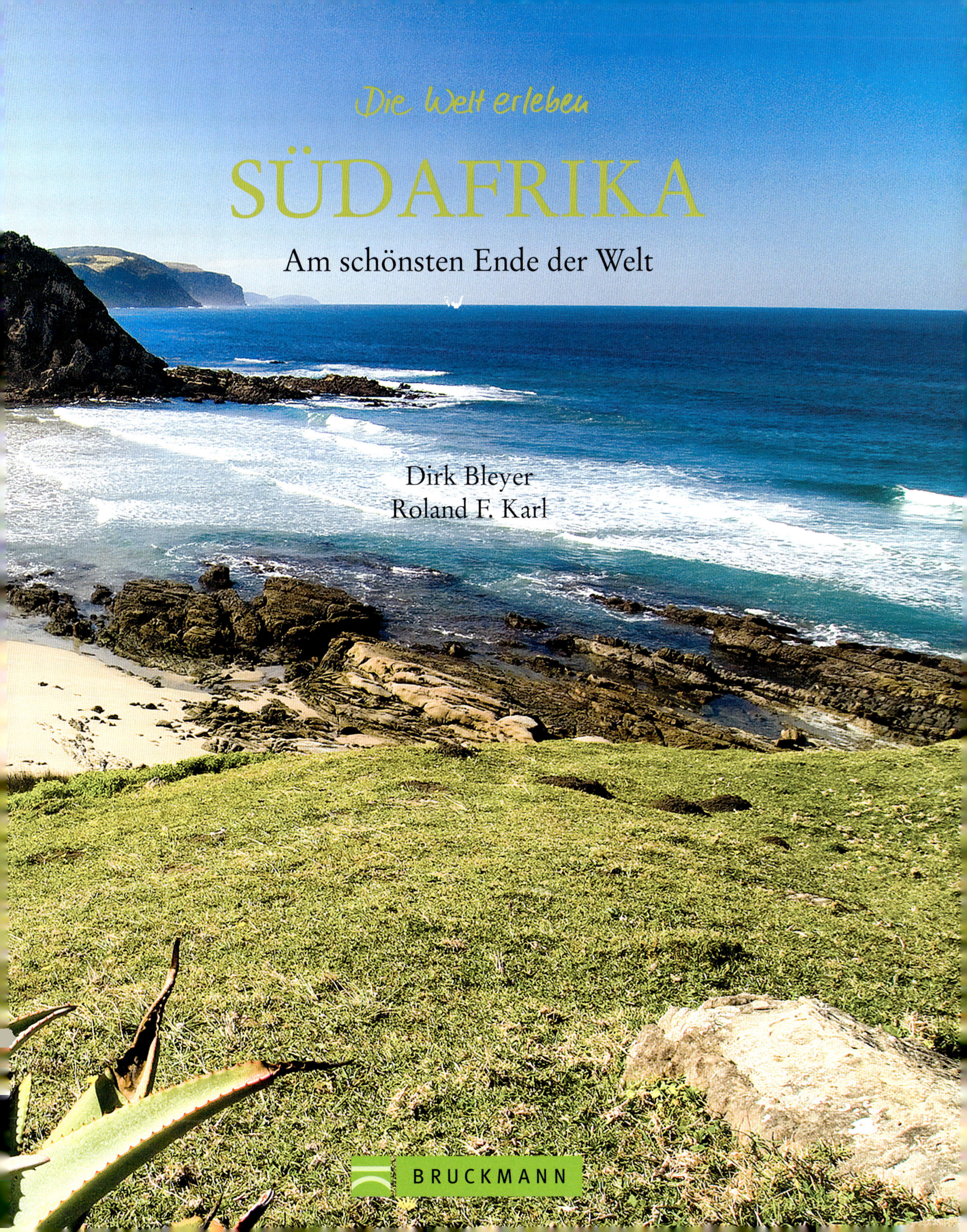

BRUCKMANN

Willkommen in Südafrika

Das schönste Ende der Welt erleben 18

Bunt und vielschichtig ist die Heimat Nelson Mandelas, mit quirligen Metropolen, aufgeschlossenen Menschen, einer faszinierenden Tierwelt und Landschaften von überwältigender Schönheit. Diese Vielfalt ist es, die das Land am Kap zum »schönsten Ende der Welt« macht.

Kapstadt und seine Perlen – Ein Traum vom guten Leben 34

Kapstadt – Tafelberg – Cape Flats – Cape Point – False Bay – Robben Island

Schon von Weitem glitzern die Hochhausfassaden der City am Kap, aus der Ferne grüßt der Tafelberg. Wer wäre hier nicht gerne einmal, am »südlichsten Punkt Afrikas« – zumindest heißt es das ... Und weit draußen im Meer haben sich auf Robben Island Seevögel und Robben ein eigenes Reich geschaffen.

Zwischen West Coast und Wild Coast – Traumküsten am Kap 58

West Coast National Park – Zederberge – Ost-Kap – Walker Bay – Garden Route – Addo Elephant National Park – Wild Coast

Die meisten Kapstadt-Besucher machen sich im Anschluss Richtung Garden Route auf, also gen Osten. Sie erkunden beispielsweise das Wal-Städchen Hermanus, um anschließend den Addo Elephant National Park und die Wild Coast zu entdecken. Die traumhafte West Coast hingegen bleibt weitgehend sich selbst – und den Capetonians – überlassen.

Südafrikas Wüsten – Von Sterneguckern und blühender Flora im Sand 80

Karoo National Park – Kalahari – Kimberley – Augrabies Falls – Upington – Namaqualand

In der Ebene knabbern Merinoschafe und Angoraziegen das allerletzte vom Boden ab, dann folgen dramatische Felsauftürmungen. Das Beste findet nachts statt, wenn es in der Großen Karoo eiskalt wird und der Himmel so klar, dass sich Sternegucker aus aller Welt versammeln. Nach so viel Kargheit dürstet es einen geradezu nach Wasser – die Augrabies Falls bieten eine willkommene Abkühlung. Und wer bunte Farben sehen möchte, kommt in den Zederbergen auf seine Kosten: Blütenteppiche, so weit das Auge reicht ...

Johannesburgs Schatzkiste – The City of Gold 102

Johannesburg – Pretoria – Sun City – Waterberg Mountains – Kruger National Park

Das Leben pulsiert in Jo'burg, doch auch die Schwesterstadt Pretoria hat einiges zu bieten: Hier kann man Geschichte atmen. Einen krassen Kontrast dazu bietet das außerirdisch anmutende »Sun City«, das afrikanische Las Vegas. Absolutes Highlight einer Südafrika-Reise ist aber wohl unumstritten der Kruger National Park mit den berühmten Big Five und jeder Menge anderer spannender Fauna und Flora.

Durban's KwaZulu-Natal – Wildnisparadies am Indischen Ozean 126

Durban – Pietermaritzburg – Midlands – uKhahlamba Drakensberg Park – Hluhluwe-Umfolozi Game Park – St. Lucia Wetlands – Sodwana Bay National Park – Kosi Bay – Swaziland

Durban rangiert mit 4 Millionen Einwohnern an dritter Stelle der südafrikanischen Ballungsräume: Hier ist das Geld zuhause. Zugleich beginnt hier eine Küste von unglaublicher, naturbelassener Schönheit, die sich bis hinauf an die Grenze von Mosambik erstreckt. Nationalparks beeindrucken mit Artenvielfalt, und das ursprüngliche Afrika lässt sich im Land der Zulu und natürlich in Swaziland erleben.

Reiseteil 144

Südafrikas Top Ten – Festivals & Events – Zeittafel – Übernachten & Genießen – Südafrika von A bis Z

Register 154
Impressum 156

Seite 12/13 *Das Wahrzeichen Kapstadts, der Tafelberg, ist 430 Millionen Jahre alt. Dieses Foto entstand im Abendlicht vom West-Kap aus.*

Seite 14/15 *Giraffen sind in fast allen Nationalparks in Südafrika anzutreffen.*

Seite 16/17 *Kapstadts Waterfront am alten Hafenbecken ist der Magnet für »shop 'till you drop« – den Blick auf den Tafelberg gibt's gratis dazu.*

SÜDAFRIKA
N
0
100 km
BOTSWANA
Ghanzi
K a l a h a r i
Jwaneng
NAMIBIA
Mariental
KGALAGADI
TRANSFRONTIER
PARK
Nossob Camp
Mata Mata
Twee Rivieren
NORTHWEST
TSWALU
KALAHARI
RESERVE
Vryburg
Keetmanshoop
Andriesvale
Kuruman
RICHTERSVELD
NATIONAL PARK
AUGRABIES
FALLS
NATIONAL
PARK
Upington
VAALBOS
NATIONAL
PARK
Augrabies
Keimoes
Orange
River
Valley
Groblershoop
Campbell
Alexander
Bay
Orange R.
Pofadder
Port Nolloth
Springbok
GOEGAP
NATURE RESERVE
N a m a q u a l a n d
Hopetown
Prieska
NORTHERN
CAPE
Britstown
De Aar
Carnarvon
Atlantischer
Ozean
Williston
Calvinia
Victoria West
Vanrhynsdorp
TANKWA-KAROO
NATIONAL PARK
KAROO
NATIONAL
PARK
Observatorium
Sutherland
Lambert's Bay
Clanwilliam
Wuppertal
Beaufort West
Graaff-Reinet
St. Helena
Bay
Citrusdal
C e d a r b e r g e
G r o s s e K a r o o
Paternoster
Saldanha
Piketberg
Laingsburg
Prince Albert
Cango Caves
Tulbagh
Matjiesfontein
Seweweekspoort
WEST COAST N. P.
WESTERN CAPE
Oudtshoorn
Yzerfontein
Wellington
K l e i n e K a r o o
Kapstadt
(Cape Town)
Paarl
Montagu
Plettenberg
Bay
Franschhoek
Breede
Swellendam
George
Sedgefield
Storms River
Stellenbosch
Garden Route
Simon's Town
Caledon
Mossel Bay
WILDERNESS
N.P.
Knysna
TSITSIKAMMA
NAT. PARK
KAPHALBINSEL
CAPE OF GOOD HOPE
NATURE RESERVE
BONTEBOK N.P.
Hermanus
Walker Bay
DE HOOP NATURE RESERVE
Bredasdorp
Cape Agulhas
AGULHAS
NATIONAL PARK

SIMBABWE
MOSAMBIK
Sashi
Beithbridge
MAPUNGUBWE NATIONAL PARK
Messina
Soutpansberge
Mahalapye
Limpopo
Louis Trichardt
Thohoyandou
LIMPOPO
KRUGER NATIONAL PARK
GREAT LIMPOPO TRANSFRONTIER PARK
Duiwelskloof
Polokwane (Pietersburg)
Tzaneen
Magoebaskloof
Waterberg Mountains
Potgietersrus
BLYDE RIVER NAT. RES.
Singita Lebombo Lodge
Thabazimbi
Nylstroom
MADIKWE GAME RESERVE
Bela Bela (Warmbad)
SABI SAND GAME RES.
Pilgrim's Rest
God's Window
Skukuza
Lydenburg
Graskop
Sabie
PILANESBERG NATIONAL PARK
Sun City
Pretoria/ Tshwane
Rustenburg
Nelspruit
Middelburg
Witbank
Maputo
HLANE ROYAL NATIONAL PARK
MLILWANE WILDLIFE SANCTUARY
Mbabane
Soweto
Johannesburg
Potchefstroom
GAUTENG
MPUMALANGA
Nördliche Drakensberge
SWASILAND
Klerksdorp
Vereeniging
Standerton
NDUMO GAME RESERVE
Kosi Bay
Vaal
Piet Retief
Rocktail Bay
Thonga Beach
Sodwana Bay
ITALA GAME RES.
Louwsburg
Candover
Kroonstad
KWAZULU-NATAL
MKUZE GAME RESERVE
Welkom
Vryheid
PHINDA PRIVAT GAME RESERVE
Lake St. Lucia
ISIMANGOLISO WETLAND PARK
WILLEM PRETORIUS G.R.
Bethlehem
Dundee
HLUHLUWE-UMFOLOZI GAME RESERVE
GOLDEN GATE HIGHLANDS NATIONAL PARK
Clarens
E STATE
Winburg
Ulundi
Ficksburg
Ladysmith
Butha-Buthe
ROYAL NATAL NATIONAL PARK
Zululand
Eshowe
Richard's Bay
Estcourt
Maseru
Orange R.
Giant's Castle
Stanger
Pietermaritzburg
Howick
LESOTHO
Sani Pass
Bushmens Neck
UKHAHLAMBA-DRAKENSBERG-PARK
Durban
Caledon
Mafeteng
Mount Moeros
Südliche Drakensberge
ORIBI GORGE NATURE RESERVE
Kokstad
Port Shepstone
Hibiscus Coast
Margate
Port Edward
MKAMBATI NATURE RESERVE
EASTERN CAPE
Umtata
Port St. Johns
Queenstown
Qunu
Mveso
Coffee Bay
DWESA NATURE RESERVE
Wild Coast
Indischer Ozean
Mazeppa Bay
King William's Town
East London
Grahamstown
Port Alfred
Elizabeth
Sunshine Coast

SUSAN KRUGER

QUAY FOUR

Das schönste Ende der Welt erleben

Die Heimat Nelson Mandelas ist bunt und vielschichtig, mit quirligen Metropolen und offenherzigen Menschen, mit Landschaften von überwältigender Schönheit und saftigen Obstplantagen neben vor Hitze flirrenden Wüsten. Auch exotische Lagunen und traumhafte Buchten mit ankernden Jachten sowie rotweiß gekringelte Leuchttürme fehlen nicht. Die Vielfalt ist es, die das Land am Kap zum »schönsten Ende der Welt« macht: hier die atemberaubende Bergwelt am Blyde River Canyon, dort Glamour, Kunst und Kultur in Jo'burg, Südafrikas Mega-Kapitale. Um sich auf die berauschenden Kontraste einlassen zu können, braucht es zunächst ein wenig Geschichte.

Nur was für Schwindelfreie: Hängebrücke im Tsitsikamma-Nationalpark.

Sawubona – ein herzliches Willkommen!

Kaum jemand erzählt die Besiedlungsgeschichte des Landes so spannend wie James A. Michener in seinem Epos »Verheißene Erde«, das im 15. Jahrhundert beginnt, als Vasco da Gama und Bartolomeu Diaz um die strömungsreichen Kap-Felsen navigierten. Anfang des 16. Jahrhunderts besuchte ihr portugiesischer Landsmann Antonio de Saldanha das »Kap der Stürme«, ankerte in der Tafelbucht und wurde beim Anblick des Tafelbergs so neugierig, dass er als erster Europäer den monumentalen Sandsteinklotz bestieg. 1577 äußerte

1

sich der englische Admiral Sir Francis Drake begeistert über das Kap, 1605 ankerten bereits Schiffe der »Vereenigde Oostindische Compagnie« in der Bucht.

Die erste Glühbirne brennt

Aber erst 1652 ging es richtig los, als der Holländer Jan van Riebeeck mit dem Auftrag eintraf, eine Versorgungsstation für Schiffe anzulegen, denn die von Skorbut geplagten Seeleute brauchten auf dem Weg nach Indien und Batavia in Indonesien dringend vitaminhaltiges Obst und Gemüse, damit ihnen die gesunden Zähne nicht aus dem faulenden Zahnfleisch fielen. Und natürlich Fleisch, frisches Trinkwasser, Wein, Weib und Gesang. Darum brachte man Sklaven aus Indien, Südostasien und Afrika hierher, ja sogar weibliche Waisen aus Holland, um die hellhäutige Population vorwärts zu bringen. Auch die ersten Weinreben gelangten so ins Land. Zum Glück kamen auch ein paar Hugenotten mit, religiös verfolgte Protestanten aus Frankreich, die wussten, wie mit Trauben umzugehen war. Schnell wurde so aus der provisorischen Station eine richtige europäisch-holländische Siedlung, die den auf allen Weltmeeren segelnden Engländern gefiel: 1795 besetzten sie Kapstadt, das zur britischen Kolonie erklärt wurde, und knapp 100 Jahre später brannte die erste elektrische Glühbirne – früher als mancherorts in Europa. Holländische Buren als Gründer der Kap-Kolonie, und jetzt britische Befehlshaber, das konnte nicht gutgehen. Und wirklich, in den 1830er-Jahren machten sich die ersten Burentrecks mit Ochsenwagen auf der Suche nach neuen Siedlungsgebieten von der Küste ins Innere Südafrikas auf. Wer mit dem Zug von Kapstadt nach Johannesburg fährt, kann sich ein Bild davon machen, was die Pioniere beim Überqueren jenseits der Küstengebirge zu sehen bekamen. Die moderne Bahnlinie durchquert zunächst das weitläufigste Ökosystem des Landes, die Große Karoo, und der Reisende bekommt gleich einen Vorgeschmack auf die Wüste. Damit dieser erhalten bleibt, zeigt sich beim Aufstieg auf das bis zu 900 Meter hohe Karoo-Plateau die Kap-Landschaft noch einmal von ihrer lieblichsten Seite: Nicht weit von den Weinorten Stellenbosch, Franschhoek und Paarl entfernt gibt sich das historische Worcester mit seinen 1820 gegründeten Kooperatieve-Wijnbouwers-Vereniging-Kellern als letzter Vorposten der Reben, bevor es über den Hex River Pass ganz hinaufgeht. Hier oben erstreckt sich eine schier endlos scheinende, steinwüstenähnliche Landschaft mit äußerst spärlicher Vegetation, eine Landschaft, die fast ein Drittel der Gesamtfläche Südafrikas ausmacht und im Norden in die riesige Kalahari übergeht. Temperaturunterschiede und geringe Niederschläge haben auf den weitläufigen Hochebenen einzigartige Landschaftsbilder zustande gebracht, aus denen sich die typischen kleinen Tafelberg-Brüder, die »Koppies«, erheben. Schöne Landschaften ohne Wasser, Weiden und fruchtbaren Boden für den Ackerbau muss die Ochsenwagenlenker zum Erschaudern gebracht haben. Und

1 und 3 *Wildlife-Szenen im Kruger Park mit Zebras und Gnus.* – 2 *Ein Sonnenuntergang im Greater St. Lucia Wetland Park in KwaZulu-Natal. Er wurde 1999 zum UNESCO-Weltkulturerbe erklärt.*

2

3

1

2

wieder lässt sich der Terminus der Vielfalt bemühen, denn andersherum hinauf, von Kapstadt an der Westküste entlang und bis nach Lambert's Bay, erstrecken sich Landschaften, die an Schleswig-Holstein erinnern. Was für Kontraste!

Exotische Gaumenkitzler in Hülle und Fülle

Etwas weniger bekannt, aber mindestens ebenso aufregend wie seine Landschaften ist Südafrikas exzellente Cuisine. Beim Ausprobieren muss es sich ja nicht unbedingt um Gerichte handeln, die im Land als rustikale Spezialitäten gelten, beispielsweise Schafsköpfe, gebratene Raupen oder Steaks vom Krokodil (wobei Letzteres so zart schmeckt wie Hühnchen). Aber wie wäre es mit Carpaccio vom Strauß, Ochsenschwanzravioli, Kudu-Gulasch, Impala- oder Warzenschweinsteaks? Die südafrikanische Küche generiert eine unüberschaubare Vielfalt, die Chinesen, Malaien und Inder, Marokkaner, Portugiesen, Franzosen, Japaner, Brasilianer, Schweizer, Kongolesen und viele Kochwütige anderer Nationen an diesem kulinarischen Kulminationspunkt zusammengetragen haben. Kapstadt wartet hier natürlich hauptsächlich mit fangfrischem Seafood auf, mit Hummer, Kabeljau, Butterfisch und Muscheln, während Durban exotische Genüsse indischen Zuschnitts darbietet und Johannesburg sich noch am afrikanischsten verhält. Dafür, dass es sich um prinzipiell Schmackhaftes handelt, verbürgt sich wiederum die Geschichte, schließlich wurde der Grundstein der »Rainbow Nation« am Kap gelegt: Kapstadt und alles andere hier entstand als Schiffsversorgungsstation europäischer Seefahrer, die aus Indien und Asien kommend das Kap der Guten Hoffnung umsegeln mussten und in der Tafelbucht ankerten, um frisches Gemüse, Trinkwasser und Fleisch für die lange Heimreise nach Europa an Bord zu bringen. Die damaligen Highlights der Schiffsladungen waren die Gewürze, die daheim begierig erwartet wurden, und die Schiffsköche hatten viel Zeit, um damit in Ruhe zu experimentieren und in Kapstadts Tafelbucht ihre Erfahrungen mit Kollegen auszutauschen.

Südafrikanischer Wein – eine Erfolgsgeschichte

Die Vielfalt ist also Südafrikas sehr spezielle Erfindung, von Anbeginn seiner Geschichte, und die ist bis heute in allen gesellschaftlichen Bereichen präsent: Auf der Liste der unglaublichen Kontraste in diesem Land stehen Hautfarben in allen Schattierungen, vibrierende Metropolen mit völlig unterschiedlichen Charakteren, traditionsreiche Kulturen, ein Sprachengemisch schier unvorstellbaren Ausmaßes, und natürlich die Weine, die am Fuße der Hottentotsholland Mountain Range gedeihen, im goldenen Dreieck zwischen Stellenbosch, Paarl und Franschhoek, wo die Rebstöcke sauber in Reih und Glied gesteckt sind, soweit das Auge reicht! Dort leuchten zwischen den Weinbergen kapholländische Gutshäuser im milden Sonnenschein, echt friesisch mit Sprossenfenstern, Reetdächern und rustikalen Holzbalkendecken, so wie es die burischen Siedler von ihrer Heimat Holland her kannten. Wobei solcherlei süße Landschaftsromantik nicht darüber hinwegtäuschen sollte, dass der Weinanbau in Südafrika ein nach modernsten Gesichtspunkten geführter Wirtschaftssektor ist, dessen Produkte sich auf dem internationalen Markt behaupten müssen. Auf über 100 000 Hektar Anbaufläche werden am Kap von zahlreichen Kleinbauern, Kooperativen und Großweingütern rund 3000 verschiedene Weine produziert. Die Lese beginnt Anfang Januar, der Ernteertrag liegt mit durchschnittlich 10 Millio-

3

Im Mapungubwe Nationalpark bietet Südafrika Natur pur: 1 *Baobabs (Affenbrotbäume), …* – 2 *Mopane- und Auenwälder prägen die Landschaft.* – 3 *Sandsteinfelsen und -formationen sind markante Merkmale und stechen rot hervor.*

nen Hektolitern so hoch wie der bundesdeutsche, zu den beliebtesten Rebsorten zählen Sauvignon Blanc, Chenin Blanc, Chardonnay, Colombar und Cabernet Sauvignon.

Der Sound Südafrikas – wie alles begann

Und die Musik? Südafrikas Klangfarben sind natürlich auch überaus vielfältig. Seit frühen Kolonialzeiten haben sie sich aus

lokalen Erscheinungsformen zusammengemischt und dabei begierig Elemente aufgenommen, die mit den Einwanderern aus Übersee und aus anderen afrikanischen Ländern ans Kap kamen. Während der Apartheid gaben offiziell westlich orientierte Musikrichtungen den Ton an, aber schwarzafrikanische Musiker hatten natürlich einen anderen Sound im Kopf. Für sie waren die Klänge der Xhosa und der Zulu nicht fortzudenken, ebensowenig wie die traditionellen Stammesgesänge mit ihrer seltsamen Melancholie. Spielerisch ließen sich solche Substanzen mit allem vermischen, was sich nach Rhythmus und Musik anhörte: mit Fragmenten aus religiösen Hymnen und Chorälen, aus Jazz, Rock, Blues und Pop, wobei es Afrikaner sowieso spielend schaffen, Körper und Seele zum Schwingen zu bringen, mit nur einer Trommel. Oder sogar a capella, ganz ohne Instrumente.

Wegen der Rassentrennung entwickelte sich die schwarze südafrikanische Musik im Untergrund weiter, vor allem aber im Exil. Wer kennt sie nicht, südafrikanische Stars wie die Sängerin Miriam Makeba (»Mother Africa«), den Trompeter Hugh Masekela oder den Pianisten »Dollar Brand« Abdullah Ibrahim? Diejenigen, die trotz Apartheid weiterhin vor Ort die Stellung hielten, spielten ihren Cape Jazz eben hinter dem Vorhang, während ihre weißen Kollegen auf der Bühne standen – es war verboten, gemischtrassig aufzutreten.

Natürlich mussten unter solchen Umständen Musik wie Literatur zur politischen Brechstange werden. Paul Simon war mit seinem Graceland-Projekt, das der Welt den Reichtum der afrikanischen Klangwelt auf moderne Weise nahe brachte und dabei demonstrativ schwarze Südafrikaner wie Ladysmith Black Mambazo präsentierte, am neuen Aufbruch nicht unbeteiligt. Bald verbreiteten auch Radiostationen an den Universitäten den gemeinsamen musikalischen Protest aller Rassen; Johnny Clegg, der weiße Zulu, ein Meister im Verschmelzen westlicher und schwarzafrikanischer Musik, gründete schon während der Rassentrennung Bands mit weißen und schwarzen Musikern und half so, eine multikulturelle Musikszene zu prägen. Südafrikanische Musicals wie »Sarafina«, »Township Fever« und »Maria Maria« von Mbongeni Ngema entlockten den Zuschauern in Amerika und Europa ekstatischen Beifall, Erstgenanntes war sogar ein Jahr lang am Broadway und wurde anschließend mit Whoopi Goldberg verfilmt.

Der Beginn der musikalischen Freiheit

Nach dem Ende des Kulturboykotts Anfang der 1990er-Jahre konnten sich die Klang- und Rhythmusbesessenen aller Hautfarben endlich gemeinsam austoben, und der gewaltige Fundus an Talenten und Ideen, der sich unter dem Deckmantel der Apartheid angesammelt hatte, explodierte. Jetzt brachten die zurückkehrenden Musikerkollegen ihre spezifischen Erfahrungen ein, und im Schlepptau der berühmt gewordenen Exilanten kamen westliche Ikonen wie Michael Jackson, U2 und Tina Turner zu Konzerten ans Kap, was die heimische Szene im großen Stil auf die internationale musikalische Landkarte brachte.

1 *Szenen wie diese aus dem Film »Shakazulu« sind im Freilichtmuseum Shakaland nahe Eshowe in KwaZulu-Natal zu erleben.* – 2 *Romantische Stimmung: Rundhütten eines Dorfes in der Transkai am Ostkap Südafrikas in der Dämmerung.* – 3 *Ein Zulukrieger mit traditonellem Schild und Speer.*

2

3

1

2

In gewisser Weise war die politische Unterdrückung für die Entwicklung der Musik ein Geschenk des Himmels, das den südafrikanischen Klängen heute ihren unverwechselbaren Charakter beschert hat. Kaum verwunderlich also, dass sich das Label »made in South Africa« nach dem Ende der Apartheid rasant in der internationalen Musikszene etabliert hat. Für Musikliebhaber ist das Südafrika der Gegenwart eine Schatzkiste: Vom Township Groove bis zur traditionellen afrikanischen Musik reicht die Palette, vom Jazz über Ethnopop bis zu Klassik. Marimba oder Rohrflötenmusik, Kwela oder Township-Jive, selbst Symphonie, Oper und Kammermusik aus Südafrika gelten heute als Belege einer großartigen musikalischen Breite, die nicht sinnfälliger zum Ausdruck gebracht werden kann als durch das Soweto String Quartet, das große Erfolge verzeichnet.
Bei all diesen musikalischen Erscheinungsformen ist Südafrika aber vor allem eine Welt des Jazz, und zweifelsfrei gehört Kapstadt zu den bedeutendsten Jazz-Zentren des Schwarzen Kontinents. Von hier aus emigrierten Koryphäen wie Abdulla Ibrahim ins Ausland und das größte Jazzevent des Landes, das Cape Town International Jazz Festival, findet alljährlich im Februar statt und zieht Enthusiasten aus Afrika und aller Welt an. Kapstadts zahllose Jazz-Kneipen wie »Blue Note«, »Kennedy's« oder »The Drive« sprechen für sich.

Wilde Tiere – die Stars in der Manege

Südafrika ohne Musik? Wäre denkbar. Auch mit Fast Food und Limonade statt hervorragender Weine. Nicht aber vorstellbar wäre dieses Land ohne seine wilden Tiere, die zahllosen »Exoten«, die staatliche Nationalparks und private Wildschutzgebiete zu Highlights für Safari-Fahrer aus aller Welt machen.
Die Existenz des Kruger National Park, der wohl berühmtesten »Arche Noah« der Welt, ist seinem Namensspender Paul Kruger zu verdanken, der als Präsident der Suid-Afrikaanse Republiek schon 1884 vom Volksraad verlangte, für die immer weniger werdenden Wildtiere streng überwachte Schutzzonen zu schaffen. 14 Jahre später machte man zwischen dem Crocodile und dem Sabie River auf 4600 Quadratkilometer den Anfang, der im Krieg zwischen Engländern und Krugers Buren beinahe schon wieder untergegangen wäre, hätte nicht ein britischer Offizier namens Major James Stevenson-Hamilton das Kommando über den Tierpark übernommen. Der Major ging gnadenlos vor gegen marodierende Soldaten, wildernde Schwarze und Weiße, gierige Bergwerksgesellschaften und landhungrige Großfarmer, setzte sich erfolgreich durch und stellte frühzeitig die Weichen für das, was heute als eines der letzten großen Tierparadiese der Welt gilt.
Für Kinder und Jugendliche ist Südafrikas Tierwelt eine ganz besonders spannende

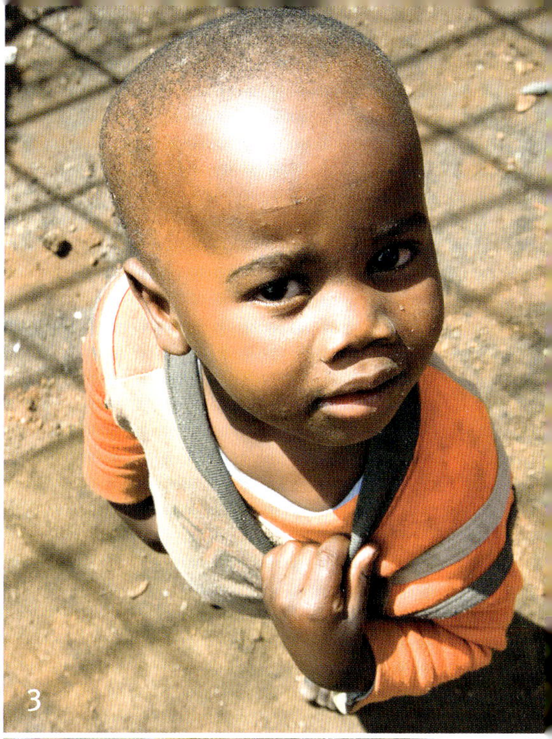
3

4

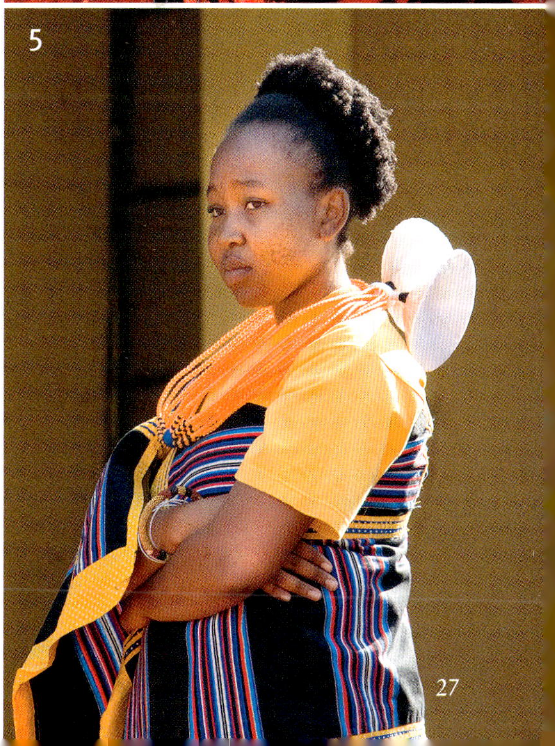
5

1 *Über 4 Millionen Menschen leben im Township Soweto nahe Johannesburg.* – 2 *Die Kinder im Ghetto beschäftigen sich gerne mit Fußball und Graffiti.* – 3 und 4 *Die Bewohner sind Besucher gewohnt. Vor manch prachtvollem Häuschen parkt eine dicke Limousine, und Touristen durchpflügen Nelson Mandelas Heimatstadt auf der Suche nach geschichtsträchtigen Orten.* – 5 *Die Frauen tragen häufig afrikanisch bunte Kleidung.*

Schatzkiste: Wie bauen Webervögel ihre Hängenester? Wie weit springen Löwen bei der Jagd? Das und noch viel mehr erfahren schon die Kleinsten bei einer der speziellen Kinder-Safaris, die mittlerweile von vielen Lodges und Parks angeboten werden.

»Den haben sie einfach umgelegt«, ruft ein siebenjähriger Knirps aufgeregt, »der ist voll hinüber«. Ein stattlicher Stamm mit saftiger Blätterkrone liegt quer, geknickt wie ein Streichholz. Während Jan van Heteren am Steuer seines Landrovers eine vielköpfige Elefantenherde umkurvt, gibt's für seine kleinen Gäste einen Exkurs in Game Management: »Die vermehren sich, weil sie keine Feinde haben. Inzwischen sind's schon ein paar Hundert«, erzählt er, »aber vertragen kann unser Reservat nur die Hälfte.« Wieso? »Na, weil die alles kahl fressen«, fällt ihm ein hellwacher, angehender Fährtenleser ins Wort, »die knicken die Bäume, wie den dort. Da bleibt für die anderen Tiere nichts.« Die Dickhäuter, manche 6 Tonnen schwer und mit bis zu 3 Meter langen Stoßzähnen, brauchen pro Tag 200 Liter Wasser und fressen bis zu 300 Kilogramm Grünzeug. Was aus den überzähligen Elefanten werden soll? Da hat auch der Kleine keine Idee.

Jan wird seinen Safari-Kids auf diesem Game Drive durch das Madikwe Game Reserve nordwestlich von Johannesburg noch die restlichen der »Big Five« zeigen, also Löwen, Büffel, Rhinozerosse und sogar einen Leoparden. »Jaci's war die erste Lodge Südafrikas«, erzählt der Safari-Unternehmer mit der speziellen Idee, die auf dem kindlichen Erlebnishunger basiert und zur Erfolgsgeschichte wurde, »die Safaris für die Kleinen auf die Beine gestellt hat.« Zur Eröffnung wurde das »Wildnis-&-Kinder«-Programm zunächst zu einem Medienereignis, dann zum durchschlagenden Erfolg. Ein auf Kids und Jugendliche aller Altersstufen abgestimmtes Angebot bietet vom Dschungelabenteuer bis zum Fährtenleserkurs alles, was erzieherisch wertvoll und dabei spannend ist, wobei sich die aufregende Tier- und Pflanzenwelt ganz nebenbei erklärt. Tierbeobachtungen werden bis zum Alter von sieben Jahren mit pädagogisch geschulten Führern unternommen, die während des »kiddies drive« speziell auf Interessen, Alter und Aufnahmefähigkeit der teilnehmenden Kinder und Jugendlichen eingehen. Besonders beliebt sind die Kurse im Spurenlesen, über die traditionellen Handwerkstechniken der Einheimischen und über das Leben im afrikanischen Busch. Geht es aktiv auf Pirsch, wird spielerisch vermittelt, wie viele Liter Wasser ein Elefant täglich durch den Rüssel saugt, warum Hippos zu den gefährlichsten Wildtieren zählen und welche Tierart als sechste im Bunde mit den »Big Five« das halbe Dutzend der afrikanischen Großwildtiere voll macht: die Wale vor Kapstadts Küsten natürlich, die jedes Jahr aus den eiskalten antarktischen Gewässern zur Südspitze Afrikas ziehen, um in den wärmeren Gefilden dort ihren Nachwuchs zur Welt zu bringen. Auf den Fahrten können die Kleinen sehen, wie die bunten Webervögel kunstfertig ihre Hängenester bauen, und erfahren, was es tatsächlich

1 *Die Brillenpinguine am Boulders Beach in Simon's Town werden auch Afrikanische Pinguine genannt. Sie sind eine vom Aussterben bedrohte Vogelart.* – 2 *Flusspferde gehören zu den Big Five und können unter anderen im Fairy Glen Game Reserve entdeckt werden.*

1

2

mit den giftigen Schlangen auf sich hat und mit welcher Technik Löwinnen eine Antilope erjagen, während der zottelige König des südafrikanischen Dschungelbuchs faul im Schatten einer Akazie döst, bis ihm von seinen Damen die Mahlzeit fertig erlegt präsentiert wird.
Und wenn doch was passiert, in der Wildnis? Jan lacht: »Die größte Gefahr ist das Kokeln mit Feuer. Wie es richtig funktioniert, kriegen die Kids hier als Allererstes beigebracht!« Es folgt eine Statistik über die Risiken durch Wildtiere, die weit hinter denen der Zivilisation zurückbleiben, und die Kinder bewegen sich sowieso völlig angstfrei. Zur Beruhigung besorgter Mütter und Väter parkt eine zweimotorige Cessna auf der Piste gleich nebenan, mit der es im Notfall von der Wildnis aus nur ein Katzensprung bis nach Johannesburg ist.

Von Löwen, Hippos und Schlangen

Doch nicht nur Jugendliche und Kinder, auch Erwachsene können sich dem Zauber der Wildnis kaum entziehen! Diesen Zauber erlebt Jonathan jeden Tag: Er arbeitet als Game Driver in einem der privaten Game Reserves, das, drei Fahrstunden von Johannesburg, gut versteckt in der Wildnis liegt. Schon das koloniale Ambiente der ehemaligen Farm, erbaut 1907 inmitten einer bildschönen Savannenlandschaft, versprüht den historischen Charme alter Zeiten. Es ist später Nachmittag, die Sonne neigt sich zum Horizont, und er drängt, weil dies die beste Zeit für Tierbeobachtungen ist. Als er nach der Safari seinen offenen Landcruiser auf einen Hügel mit Aussicht hinaufsteuert, hüllt sich die Savanne in zarte Pastelltöne. Jonathan zaubert Gläser und eiskalten Champagner aus einer Kühlbox und lächelt, einen Ausdruck ausgeglichener Ruhe im tiefschwarzen Gesicht. Wie sein Leben inmitten der Wildnis sei? Aufregend, antwortet der Vater von vier Kindern, der seit 40 Jahren im Wildreservat lebt, weil er immer noch das mache, was er damals am allerliebsten getan habe, als er ein kleiner Junge war, nämlich mit den wilden Tieren leben; vorsichtig reicht er die vollen Gläser an seine Safari-Gäste weiter: Er liebe die Savanne und ihre wilden Exoten, und hier sei er ganz nahe dran! Heute konnte er seinen Gästen neben Zebras, Giraffen, Antilopen und Gnus auch noch Büffel, Löwen und Elefanten vorführen.
Die Big Five, die »großen Fünf«, sagt Jonathan, trügen eine irreführende Bezeichnung – als gäbe es außer ihnen nur Wildhasen und Baumhörnchen! Er lacht. Für jene, die im dichten Busch zufällig vor eine Giraffe gerieten, würde das Adjektiv »groß« blitzschnell an Aussagekraft gewinnen: Der Kopf des blätterzupfenden Huftiers schwebt in einer Höhe von bis zu 6 Metern! Und was sei übrigens mit Flusspferden, die ebenso aggressiv seien wie Büffel, dabei aber viermal so schwer? Und gerade die gemütlich auftretenden Hippos würden äußerst wachsam in ihrem Territorium herrschen und schon bei geringsten Anzeichen von Eindringlingen nervös reagieren. Wer nicht sofort verschwinde, werde gnadenlos attackiert. Das kann mehr als peinlich werden, wenn das Ziel eines solchen Angriffes in einem Boot sitzt, das nicht schnell genug fortkommt. Wer dabei herausfällt, kriegt eine schnaubende Tollwut und scharfe Hippopotamus-Reisszähne zu spüren. Allerdings sollten Geparden, die mit 100 Stundenkilometern noch schneller als Leoparden

3

1 und 2 *Was Südafrika so faszierend macht, sind neben den Wildtieren und den exotischen Landschaften vor allem die Menschen, die mit ihrer fröhlichen Art jeden Besucher bezaubern.* – 3 *Außerdem beeindrucken sie mit Kreativität: Aus alt mach neu und aus Resten Spielzeug.*

sind, schon zu den »Big Five« zählen, und Krokodile erst recht. Schließlich würden Letztere bis zu 6 Meter lang, und seien noch gefräßiger als Löwen.
Mit Walen hat Jonathan hier draußen nichts im Sinn. Fort von hier, von seiner geliebten Savanne, war er noch nie, und schon gar nicht an der Küste. Dann folgt noch beiläufig ein Kapitel zu den südafrikanischen Reptilien. Zu den größeren zählen rund 3000 Krokodilarten, deren größte Vertreter bis zu 6 Metern lang werden und hier, im Busch, glücklicherweise nicht vertreten sind. Kleinere Reptilien sind kaum weniger erschreckend und Schlangen finden sich in der südafrikanischen Wildnis zuhauf. 40 Arten der wechselwarmen Tiere sind im südlichen Afrika vertreten, unter ihnen richtig giftige wie Kobras, Mambas und Vipern. Manche haben sich aufs Spucken spezialisiert, beispielsweise die gefährliche Spei-Kobra, und bringen ihr Gift, das schnell auf Nerven, Herz und Gewebe wirkt, aus maximal 2 Metern Entfernung sicher ins Ziel. Allerdings nur im Notfall: Die meisten dieser sehr scheuen Tiere flüchten, bevor es dazu kommt. Mit Ausnahme der Puffotter, die dafür warnende, merkwürdige Geräusche (engl. »puffs«) ausstößt, daher auch ihr Name. Die meisten Südafrikabesucher werden diese Spezies wohl nur in Schlangenparks zu Gesicht bekommen, was sicher niemand bedauert.
Wenngleich die Heimat der exotischen Vielfalt auf der Weltkarte nur ein kleiner Zipfel zwischen Atlantik, Pazifik und Indischem Ozean ist, so trägt dieser doch völlig zu Recht den Beinamen »schönstes Ende der Welt«. An seinen weißen, feinsandigen Stränden branden glasklare Wasser an, im Osten des Landes herrschen volle zwölf Monate im Jahr mehr als 29° Celsius, und auch sonst findet sich allerlei Aufregendes zwischen den endlosen Küsten rings ums Kap: tropischer Regenwald, Steppen- und Wüstengebiete, blühende Hochebenen, berauschend grünende Flusslandschaften und maritime Paradiese, göttlich verteilt auf tausende Kilometer.
Und zwischen alldem präsentiert sich die faszinierende afrikanische Tierwelt, als sei sie gerade erst der Arche Noah entstiegen: Nirgends lässt sich die Schöpfung besser erleben wie im weltberühmten Kruger Park, dem ältesten Tierreservat der Welt. Allein 26 Nationalparks, zahllose Game Reserves und sonstige Schutzgebiete sorgen für riesige Naturräume, in denen nicht nur die »Big Five« ungestört leben können, sondern sich auch an die 22 000 Pflanzenarten wohlfühlen.
Und dann sind da noch die königlichen Enklaven Swasiland und Lesotho, die mit einer prachtvollen Bergwelt und einem ganz besonderen Ambiente das i-Tüpfelchen auf einer Reise ans Kap sind. Südafrikas »Rainbow Nation« hat also wahrhaft beinahe alles zu bieten – selbst Skifahren im südafrikanischen Winter ist nicht unmöglich!

Wildlife pur: 1 *Webervogelnester machen sich hervorragend an Telegrafenmasten. Je nach Region und Unterart des Vogels sind sie unterschiedlich gebaut.* – 2 *Chamäleons wechseln die Farbe vornehmlich zur Kommunikation mit ihren Artgenossen.* – 3 *Hyänen durchstreifen das graue Buschland.* – 4 und 5 *Auf der Straße muss man die Augen offen halten: Oft kreuzen Elefanten den Weg, oder Paviane machen eine Pause.*

4

5

SPEED BOAT

Kapstadt und seine Perlen

Was als »das schönste Ende der Welt« gilt, taucht gerade sehr verschwommen aus dem Nieselregen auf. Es ist Juli in Südafrika, also Winter am Kap, und bei solchem Wetter bleibt die Drahtseilbahn geschlossen. Grandiose Ausblicke wären möglich, über die glitzernden Hochhausfassaden der City hinweg, deren gläserne Außenfahrstühle Kapstadts Traumpanorama bei Tag und bei Nacht auf- und abfahren, bis nach Robben Island hinüber. Aber für die Gruppe aus Deutschland verschwimmt zur Zeit alles, was ein Panorama sein könnte. Weiß schäumend klatscht die Gischt anbrandender Wellenberge an die Promenade von Camps Bay, dem nobelsten aller feinen Strandvororte der Großstadt.

Kapstadts »Victoria and Alfred Waterfront« ist eine der erfolgreichsten Investitionen in der Kap-Metropole, die massenhaft Touristen anzieht und Souvenirshops, Boutiquen, Kunsthandwerk, Supermärkte, Cafés und Restuarants anbietet – und füllt!

Ein Traum vom guten Leben

Kapstadt – Tafelberg – Cape Flats – Cape Point – False Bay – Robben Island

Diana, die deutschsprachige Reiseführerin, bittet um Nachsicht: »Im Winter haben wir hier normalerweise viel blauen Himmel und über zwanzig Grad!« Gegen trübe Stimmung hilft der hiesige, bekanntermaßen köstliche Wein. Ein Paarl Laborie BIN H 12, Produced and Bottled in the Republic of South Africa, schafft Abhilfe.

Diana erzählt von den interessanten Sightseeing-Stopps, die wetterabhängig nicht stattfinden: Tafelberg, gestrichen. Aber der Ausblick von dort oben hört sich fantastisch an. Sowieso, lächelt die Lady aus Kapstadt tröstend, gebe es die beste Aussicht vom 350 Meter hohen Signal Hill, wenn der flutlichtbestrahlte Tafelberg hoch über dem urbanen Lichtermeer aus dem Dunkel auftauche. Mittags Punkt 12 Uhr, erzählt sie, gebe es nach alter Tradition einen Kanonenschuss, die »Noon Gun«, nach der die in der Bucht ankernden Seefahrer früher ihre Zeitmesser stellten. Der ungewohnte Knall (die Kanone stammt aus dem 18. Jahrhundert) erschrecke häufig die Touristen, die noch über eine mögliche Explosion spekulierten, wenn die Einheimischen schon gutgelaunt zur Lunchpause eilen. Auch das vorgetragene britisch-koloniale Ambiente des altehrwürdigen Mount Nelson Hotels rückt mit den noch nachfolgenden Sauvignon-Blanc-Flaschen in den Fokus, ebenso das Denkmal Jan van Riebeecks, des Stadtgründers.

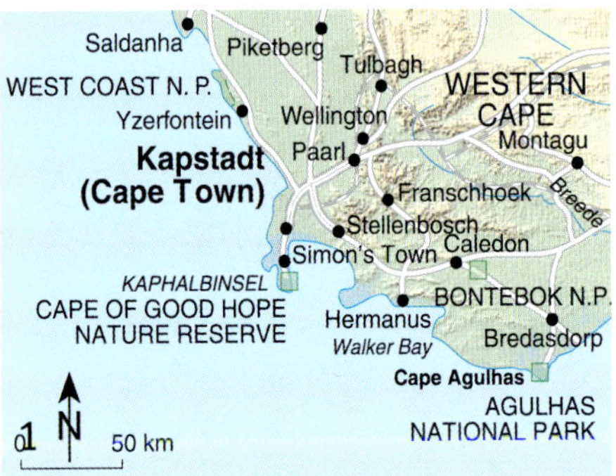

Dann führt Diana ihre Truppe, während draußen der Wind auffrischt wie vor Sylt an der Nordsee, durch die prachtvollen Houses of Parliament in der Government Avenue. Alles im Geiste, versteht sich. In der Wirklichkeit reicht es zumindest für ein verregnetes Stopover in Hout Bay, dem Hauptquartier der Langustenfischerflotte, das mit seinen bunten Trawlerbooten heute anmutet wie das norwegische Tromsø im Sommer: Die nebelverhangene Hafenromantik wird von weißen Seemöwen durchkreuzt, ein paar Robben tummeln sich zwischen den Kuttern. Kaum zu glauben, dass hier im Dezember nur schwer ein Parkplatz zu bekommen ist und die pittoreske Idylle, gerade beinahe menschenleer, von Besuchern förmlich überrannt wird.

Historische Architektur heute

Auch wenn 1798 eine Feuersbrunst den größten Teil der alten Hafenstadt am Kap niederwalzte, wird die städtebauliche Perle dank ihres historischen Erbes, ihrer Lage und der traumhaften Umgebung in einem Atemzug mit Sydney und San Francisco genannt. Nicht verbrannt ist damals Kapstadts ältestes Gebäude, die Wehrfestung Castle of Good Hope, heute ein imponierendes Zeugnis aus der Zeit der frühen Besiedlung. Hinter dicken Mauern dokumentieren großartige Ausstellungen Kapstadts Vergangenheit: die William Fehr Collection (Möbel, Gemälde, Porzellan, 17.–19. Jahrhudert), das Military Museum (alte Waffen und Uniformen) und die Good Hope Gallery mit zeitgenössischer südafrikanischer Kunst. Da in der Festung das Armeekommando der westlichen Kap-Provinz residiert, kann man dort täglich eine Wachablösung sehen, fotogen präsentiert im historischen Soldaten-Outfit von damals.

Einen Katzensprung weiter erhebt sich vor der Kulisse des Tafelbergs Kapstadts City Hall in einem Mix aus Kolonialarchitektur und italienischer Renaissance (1905). Auf ihrem Vorplatz, der Grand Parade, wurde Nelson Mandela nach seiner Freilassung begeistert von der Bevöl-

1 *Das alte Rathaus ist immer noch ein Magnet für Architekturfreunde. Zu besonderen Anlässen leuten die 39 Glocken im Turm.* – 2 *Das älteste Viertel der Stadt, das Bo Kaap, geht auf eingewanderte Malaien und die Jahreszahl 1780 zurück. Es ist geprägt von orientalischem Flair.*

1

2

1

2

kerung empfangen. Eine Parallelstraße weiter besticht die Groote Kerk, das älteste erhaltene Gotteshaus des Landes, mit feinsakralem Interieur; die Kanzel schnitzte der deutsche Bildhauer Anton Anreith. Beim nächsten Kirchturm werden historische Bischofsgräber und prachtvolle Altäre von der südafrikanischen Neuzeit überholt: In der St. Georges Cathedral trat Erzbischof und Friedensnobelpreisträger Desmond Tutu mutig gegen Rassismus und Apartheid ein, als das noch gefährlich war. Bei einer historischen Entdeckungsreise stünden noch mindestens ein Dutzend Museen auf der Liste, beispielsweise das South African Museum, das Bertram House, das Jewish Museum, die South African National Gallery oder das Cultural History Museum. Danach würde es sich anbieten, im Stadtpark The Gardens, den einst Jan van Riebeeck als Pflanzplantage für Gemüse und Obst anlegen ließ, eine kleine Pause einzulegen in Gesellschaft von Cecil Rhodes, einem der an Geld und Einfluss reichsten weißen Afrikaner, der hier seit 1909 Kapstadts neuzeitliche Entwicklungen beobachtet – in Bronze.

Fotografiert werden muss auf jeden Fall das Old Town House (1755), das Präsidentenpalais De Tuynhys (1680) sowie die Houses of Parliament (1885). Wer die berühmteste Luxusherberge der Stadt, das legendäre Mount Nelson Hotel (1743), auslässt, hat die Komplexität Südafrikas noch nicht begriffen. Gleiches gilt für die Victoria & Alfred Waterfront: Der Publikumsmagnet rund um die beiden historischen Hafenbecken, benannt nach Prince Alfred und seiner Mutter Queen Victoria, präsentiert sich zu allen Tages- und Nachtzeiten lebendig. Shopping Malls, Restaurants, Bars, Geschäfte sowie ein- und auslaufende Boote und Dampfer machen die anspruchsvoll restaurierte Hafenanlage zu einer herausragenden Attraktion für die Einheimischen wie die Besucher, die laut Statistik mit ca. 20 Millionen Menschen pro Jahr hier vertreten sind.

Ein Erlebnis: Kapstadts Palmbeach

Von der Kulisse Camps Bay kann man sich nicht so leicht losreißen, die Atmosphäre ist chillig-entspannt. Nur das Bedienungspersonal flitzt, um die Kundschaft auf den brechend vollen Boulevard-Terrassen servicegerecht zu bedienen. Auch weil Downtown Kapstadt nur eine Viertelstunde entfernt ist, lässt sich hier ab dem frühen Nachmittag kaum ein Sitzplatz ergattern: In sanfter Brise mit Blick aufs Meer unter raschelnden Palmen in der Victoria Road den Tag ausklingen zu lassen, gehört zu den Erlebnissen, die diese Stadt zu einer der schönsten der Welt machen.

Plötzlich herrscht hellste Aufregung: Erst rennen Kellner aller Hautfarben über den Boulevard Richtung Strand, dann erheben sich neugierig ihre Gäste, bis ein Angestellter ruft: »Ein Wal! Ein Wal ist in un-

3

4

5

1–5 *Die Victoria & Alfred Waterfront schlägt alles in Kapstadt, weil es nichts gibt, was es dort nicht gibt: Flohmärkte, Straßentheater, feine Cuisine in vielen Restaurants in Toplage direkt am Quai, Handwerk, Kunst-Vernissage und vieles mehr.*

serer Bucht!« Schlagartig sind hunderte Café- und Kneipentische verwaist und eine riesige Menschenmenge drängt sich auf Camps Bays weißem Sandstrand. Wenn der sonnige Nachmittag einem düster werdenden Zwielicht weicht und die Sonne langsam verschwindet, wird Camps Bay aber erst richtig magnetisch: Jenseits der Leuchtreklamen ragen die zackigen Ableger der Bergkette Twelve Apostles in den bläulich-schwarzen Himmel. Die Strandperle im Kunstlicht – fast noch schöner als in Natura!

1

Tafelberg mit Ausblick

Wenigstens weht heute nicht der berüchtigte Cape Doctor, die strenge Brise aus Südost, die den Tafelberg ab und an in eine Wolkendecke hüllt. Zum Leidwesen der Touristen, aber zur Freude der Einwohner von Kapstadt: Der kräftige Southeaster bläst den Smog aus der Stadt, was ihm seinen therapeutisch angehauchten Spitznamen verschaffte.

An einem stahlblauen Tag wie diesem hat der Tafelberg natürlich oberste Priorität. Sein Gipfel, als Wahrzeichen Kapstadts weltbekannt, liegt 1087 Meter über der See, die bei klaren Sichtverhältnissen tief unten wie ein Spiegel das Häusermeer der Cape Town Metropolitan Area umgibt. »Hoeri 'kwaggo«, »Meeresberg«, nannten die Khoi, die Ureinwohner des Kaps, diesen mächtigen, abgeflachten, 6000 Hektar großen Sandsteinfelsen, der wie ein gewaltiges Monument über der Stadt thront. Hinauf kommen Besucher entweder zu Fuß und haben dabei zahlreiche Routen zur Auswahl, oder (schnell und bequem) mit der Drahtseilbahn. Die 1929 installierte Kabinenbahn dreht beim Auf und Ab ihre Made-in-Switzerland-Gondeln, so dass die Passagiere auch noch eine 360-Grad-Perspektive auf dieses schönste Ende der Welt erleben dürfen. Fast tausend Fahrgäste pro Stunde kann der Götterfahrstuhl so hinauf transportieren. Oben warten nicht nur gastronomische und souvenirtechnische Installationen sowie eine grenzenlose Aussicht, sondern auch Rundwanderwege durch die einzigartige Kap-Flora, die mit etwas Glück auch noch gerade in einem Blütenmeer explodiert.

Kapstadts andere Seite der Medaille

Wem Kapstadt auf die Dauer zu schön ist, der könnte eine Exkursion zu den Cape Flats unternehmen. Die Townships der schwarzen und farbigen Einwohner von Cape Town gehören nämlich auch mit dazu zum »schönsten Ende der Welt« mit dazu. Die Entwicklung der riesigen Ghettos der Schwarzen, deren Flagschiff Johannesburgs Soweto ist, geht auf die infame Siedlungspolitik des einstigen Apartheid-Regimes zurück. Die Afrikaaner-Elite von damals kreierte mitten im südafrikanischen Staatsgebiet nach Stämmen sortiert künstliche Gebilde, die Homelands, die sogenannten »Heimatländer«. Millionen Schwarze mussten sich in diese »Reservate« zwangsumsiedeln lassen, die zwar eigene Regierungsstrukturen hatten, aber vollkommen von der weißen Zentralregierung abhängig waren. Nun brauchte man Massenquartiere nahe der Großstädte und Industrieanlagen, damit die Schwarzen aus den Homelands während ihrer Arbeitseinsätze notdürftig untergebracht waren, womit der Grundstein für die heutigen Townships gelegt war. Die Cape Flats von Kapstadt stehen Soweto in nichts nach. Zwar versuchen Regierungsprogramme, den Zustrom in die Großstädte, der massiv durch die rastlose Zuwanderung von Kriegs- und Armuts-

1 *Der Blick vom Tafelberg auf Lionshead und die Seilbahn.* – 2 und 3 *Der Tafelberg bietet eine traumhafte Aussicht über die Stadt und Weitblick zu allen Seiten – wenn kein »Tischtuch« drauf ist, wie die berühmten Smog- und Dunstbänke genannt werden.*

2

3

1

2

CAPE OF GOOD HOPE
THE MOST SOUTH-WESTERN POINT
OF THE AFRICAN CONTINENT
18° 28' 26" EAST
34° 21' 25" SOUTH
CAPE OF GOOD HOPE
THE MOST SOUTH-WESTERN POINT
OF THE AFRICAN CONTINENT

flüchtigen aus anderen afrikanischen Staaten verstärkt wird, wenigstens in geordnetere Bahnen zu lenken durch die Erschließung neuer Townshipgebiete inklusive Parzellenvergabe mit Eigentumsrechten, Finanzierungshilfen, vorgefertigter Mini-Häuser, Sozial- und Krankenstationen sowie sanitärer Infrastruktur – mit bislang mageren Ergebnissen, wobei die Erwartungen der schwarzen Massen an eine nunmehr schwarze Regierung noch höher sind. Die aber sieht sich den sozialen Verwerfungen in den Townships hilflos ausgeliefert und verliert dort zunehmend ihr Wahlvolk.

Dennoch hat sich manches verändert, zum Beispiel im schier endlosen, von Wellblechdächern geprägten Betonhäuserbrei Sowetos, wo längst auch bürgerliche und beinahe luxuriöse Wohngegenden wie in Orlando-West existieren. Touristische Programme aller Art machen Kneipenbesuche, Übernachtungen und die Teilnahme an Veranstaltungen möglich. Auf eigene Faust ist von derartigen Exkursionen allerdings dringend abzuraten: Townships sind und bleiben trotz aller positiv zu bewertenden Entwicklungen gefährliche Elendsviertel und No-Go-Gebiete für Touristen.

Cape Point und die Traumstraße am Kap

Der nächste Morgen ist sonnig und der Besuch am Cape Point ein Ereignis: 7000 Kilometer jenseits des Atlantiks liegt Südamerika. 10 000 Kilometer in die andere Richtung, im Pazifik, findet sich Australien. Und 5000 Kilometer geradeaus ist man in der Antarktis. Vom Kap-Felsen aus auf die größte zusammenhängende Wassermasse der Welt zu blicken, hier, wo die Ozeane sich treffen, das löst ergreifende Gefühle aus. Das herrliche Fotolicht begeistert hunderte Besucher aus aller Welt, die frühmorgens bereits mit der Zahnradbahn zur Aussichtsplattform hinaufgondeln. Ein Stück weiter ein Erinnerungsfoto mit Champagner an der Tafel mit der Aufschrift »Kaap die Goeie Hoop – Die Mees Suidwestelike Punt van die Vasteland van Afrika«, dem wohl meistfotografierten Schild der Welt. Aber wen könnte das wirklich interessieren, wenn man hier oben auf dem Cape Point, dem Kap-Felsen des Cape of Good Hope Nature Reserve, steht und aufgeregt auf die endlose, glitzernde Weite hinausblickt – in dem Bewusstsein, an der äußersten Südspitze des afrikanischen Kontinents zu stehen? Oder stimmt das etwa gar nicht? Tatsächlich, nur wenige Momente später und nach all diesen bewegenden Gefühlen entpuppt sich das Kap wie die False Bay nebenan als geografische Täuschung: Das Kap Agulhas, ein Stück die Südküste entlang, ist nämlich der wirklich südlichste Punkt Afrikas.

Jedenfalls war der alte Leuchtturm hier oben für die Schiffe lange Zeit ein Segen. Auf dem 249 Meter hohen Cape Point Peak leuchteten seine 2000 Kerzen zwi-

3

4

5

1 *Einmal am Kap der Guten Hoffnung stehen und auf die Unendlichkeit der sich hier treffenden Ozeane schauen.* – 2 und 3 *Das Kap wurde 1488 von Bartholomeus Diaz entdeckt.* – 4 *Sowohl Flora als auch Fauna bieten hier viel: Der Dassie (Klippdachs) hat sich perfekt angepasst: Seine Iris kann sich soweit verengen, dass er stundenlang direkt in die Sonne sehen kann.* – 5 *Der Keepers Trail führt über viele Treppen zum Leuchtturm.*

schen 1860 und 1919 bis zu 70 Kilometer weit hinaus auf die See. Nachdem 1911 jedoch der portugiesische Dampfer »Luisitania« am Kap zerschellte, war der bloße Kerzenschein nicht mehr ausreichend als Schutz vor dem Kap, das Vasco da Gama schon 1497 umsegelte auf seiner Suche nach dem Seeweg nach Indien.

Hout Bay – das südafrikanische Tromsø

Das nächste Highlight erwartet einen gleich um die nächste Ecke am »schönsten Kap der Welt« (wie es der englische Seefahrer Sir Francis Drake beim Vorbeisegeln einst nannte): Der Chapman's Peak Drive ist eine der beeindruckendsten Traumstraßen der Welt.

1

Die 10 Kilometer lange Panoramastrecke bietet Ausblicke vom Feinsten; hunderte Meter fallen steile Klippen von der serpentinenreichen Straße schroff ab ins Meer, was den Selbstlenkern hinter dem Steuer höchste Konzentration abverlangt, während ihre Mitfahrer fasziniert mitten ins Paradies blicken können. Ungeniert benehmen sich hier die Paviane, die nur darauf warten, dass Wagen anhalten und Insassen aussteigen, welche die Traumkulisse von Hout Bay von oben fotografieren wollen, um sie dann ihrer Handtaschen, Sonnenbrillen und Chipstüten zu berauben …

Das Tiefblau des Atlantiks, die Bergspitzen, die einen bizarren Halbkreis um Hout Bay bilden, die bunten Fischerboote, dies alles malt ein Bild, so schön wie Postkarten-Kitsch. Nirgendwo sonst, heißt es, sei der Fisch besser als in Hout Bays Mariner's Wharf. Wie wäre es also mit fangfrischen Austern, Muscheln, Langusten, Tintenfisch oder einem Hummer auf die Schnelle am Imbissstand?

Seit 1939 steht ein großer Teil der Kap-Halbinsel wegen seiner einzigartigen Fynbos-Vegetation mit Orchideen, Zuckerbüschen und Dutzenden Arten von Erika unter Naturschutz. Und auch die hiesige Fauna hat einiges zu bieten: Neben 250 Vogelarten sind hier Antilopen, Zebras, Echsen, Strauße und diverse Bockarten zuhause, ebenso die giftige Puffotter und die Kobra.

Schade, dass es viel zu schnell wieder in Richtung Kapstadt geht, vorbei an den fast 800 Meter hohen Felsklippen Judas Peak und Little Lion's Head am Hout Bay Neck. Einen Kamera-Stopp legen wir ein im Millionärsparadies Llandudno: So wohnen sie, die Schönen und die Reichen, wird es wohl jedem Fotografen durch den Kopf schießen, wenn sein Objektiv auf die luxuriösen Anwesen über Llandudnos Superstrand zielt. Der von Palmen gesäumte Beach von Camps Bay ist hier, ganz ohne tosende Brandung und Nieselregen, kaum wiederzuerkennen – Harley-Davidson-Maschinen und feine, offene Oldtimer-Sportwagen parken an dem edlen Boulevard, der von feinen Strandcafés, Szene-Bars und ausgefallenen Gourmet-Restaurants gespickt ist. Hier findet alltäglich Kapstadts Palmbeach oder, wenn man so will, seine Copacabana statt.

Traumstrände direkt vor der Haustür

Dank insgesamt 3600 südafrikanischer Küstenkilometer sind Strände in diesem Land keine Mangelware, und erst recht nicht rund um die Kap-Metropole. Auf der Atlantikseite der Kap-Halbinsel liegen Sandy Bay, das Paradies für FKK-Fans, Clifton Beach, der Treffpunkt der Schönen, sowie Sea Point, das sich so umtriebig gibt wie das kalifornische Venice Beach. Außerdem locken hier White Sands und Misty Cliffs im Winter bei hohen Windgeschwindigkeiten vor allem Surfer an ihre Strände und ganzjährig Reiter, die auf den weiten Sandflächen ihr Eldorado finden.

1 *Unwirklich schön und eine der ausgeflipptesten Panoramastraßen ist Chapman's Peak Drive.* – 2 *Der Blick auf Hout Bay ist nicht nur zum Sonnenuntergang atemberaubend.* – 3 *Ganz normal ist der Anblick dieser putzigen Brillenpinguine in Simon's Town gleich nebenan.*

2

3

1

2

Auf der Ostseite, an der False Bay, ist der Muizenberg Beach das beliebteste Strandbad für Schwimmer und Surfer; die anderen wie Buffelsbaai, Boulders, Fish Hoek oder Seaforth lassen sich nach eigenem Gusto entdecken. Daneben warten das eher ländliche Nordhoek mit der sich über 8 Kilometer erstreckenden Long Beach auf und das gemütliche Kommetjie mit seinem 33 Meter hohen Slangkoppunt-Leuchtturm (1919). Das abseits vom Trubel gelegene Scarborough bietet ruhesuchenden Strandspaziergängern das geeignete Ambiente.

Die falsche Bucht

In jedem Fall sind Badefreudige in der False Bay auf der richtigen Seite, da die Kap-Halbinsel die Bucht vor dem kalten Benguela-Strom aus der Antarktis schützt, während die Passatwinde das wärmere Wasser aus dem Indischen Ozean hereintreiben. Der Name der Bucht, False Bay, geht übrigens auf eine Fehlnavigation der frühen Seefahrer zurück, die nach ihren beschwerlichen Rückfahrten aus Indien dachten, dies sei endlich die Tafelbucht. Aber sie freuten sich zu früh und ankerten in der falschen Bucht …

Einer der umtriebigsten Orte hier ist das 10 000 Einwohner zählende Seefahrerstädtchen Simon's Town. Benannt nach dem ersten Kap-Gouverneur Simon van der Stel, verströmt das historische Bilderbuchstädtchen ein angenehmes viktorianisches Ambiente. Im Hafenbecken ankern Kriegsschiffe der südafrikanischen Marine einträchtig neben luxuriösen Segeljachten in Sichtweite des nicht selten sturmumtosten Leuchtturms Roman Rock, der seit 1861 den an der False Bay vorbeifahrenden Schiffen den Weg weist. Ganz in der Nähe, am Boulder's Beach, bilden tausende Brillenpinguine eine lautstarke (und vor allem schon aus der Ferne geruchsintensive) Kolonie.

Nicht weit von Simon's Town wartet mit Kalk Bay ein pittoresker Fischereihafen auf Besucher, die mittags, wenn die Fangflotte zurückkehrt, den frischen Fisch direkt an der Mole kaufen. Diese Fischmarktatmosphäre hat zwangsläufig eine verlockende Gastronomie zur Folge. Zahlreiche durchreisende Feinschmecker genießen die maritime Cuisine, was dem Küstenstädtchen erlesene Antiquitätengeschäfte, kunterbunte Trödelläden und Boutiquen mit Kunsthandwerk, Töpferwaren und Schmuck aller Art sowie eine lebhafte Künstlerszene beschert hat. Nur noch eine Frage der Zeit scheint es, bis sich das bislang eher bodenständige Kalk Bay auf der Liste der hippen Hot Spots an Kapstadts Riviera wiederfindet. Von Kalk Bay aus starten Bootsausflüge nach Seal Island wo eine Seehundkolonie empfindliche Nasen erschreckt, aber Ornithologen mit einer reichhaltigen Vogelwelt belohnt werden.

Muizenberg Beach, schon seit dem 19. Jahrhundert ein Paradies für Schwimmer und Surfer, ist der letzte Stopp auf der Traumstraße rund um die Halbinsel. Hier finden sich – wie auch im benachbarten Badeort Saint James – die farbenfrohen Badehäuschen, die in keiner Werbebroschüre für Südafrika fehlen dürfen. Berühmte Persönlichkeiten wie der erste Premier der Kap-Kolonie Cecil Rhodes, »Dschungelbuch«-Autor Rudyard Kipling und Agatha Christie, die Erfinderin des Kriminalromans, sind hier schon nahe der katholischen Saint James Church (1858) ins Wasser gestiegen, mit Blick auf deren feine Fassaden im viktorianischen und edwardianischen Architektur-Stil.

Unterschiedliche Motive, alle drei weltberühmt: 1 *Die bunten Strandhütten in Muizenberg, einst das attraktivste Seebad Kapstadts.* – 2 *Die possierlichen Brillenpinguine auf Simon's Towns Boulders Beach. Simon's Town galt von 1885 bis 1958 als britisches Hoheitsgebiet.* – 3 *Nelson Mandelas Gefängniszelle auf Robben Island, das vom Tafelberg aus bei klarer Sicht in der Weite des Atlantiks zu erkennen ist.*

Eine (Alb-)Trauminsel

In der Ferne, mitten im Meer, liegt Robben Island. Die legendäre Gefängnisinsel steht seit 1999 auf der Liste des UNESCO-Weltkulturerbes – wie auch die Zelle von Nelson Mandela, der dort ein Vierteljahrhundert verbrachte, bevor er als erster Schwarzafrikaner demokratisch ins Präsidentenamt Südafrikas gewählt wurde. 45 Minuten dauert die Überfahrt zum ehemaligen Alcatraz am Kap und jetzigen Nationalmonument, das täglich Heerscharen aller Hautfarben und Rassen besuchen. Während sich seit der Auflösung des »State Prison« draußen Springböcke, Antilopen, Seevögel und Robben ihr Robben Island langsam zurückerobern, mag sich drinnen so mancher Besucher den Nobelpreisträger und Botschafter des Friedens in der Zelle vorstellen: mit Blick auf die blaue See und Kapstadt, das majestätisch vom Tafelberg gekrönt wird. 1990 wurde Nelson Mandela nach 27 Haftjahren entlassen und eroberte sich die Welt, von der er so lange nur träumen konnte, zurück – und das weit über Südafrikas Grenzen hinaus.

Kapstadts Weinrouten

Wer sich vom Nightlife erholen muss, findet auch eine Reihe ruheverströmender Ziele rund um Kapstadt. Das weitläufige Gelände von Kirstenbosch Botanical Gardens zum Beispiel am Fuße des Tafelbergs vermachte Südafrikas erster Premier und Diamantenhändler Rhodes 1902 dem Staat; heute zählt die Anlage zu den schönsten botanischen Gärten weltweit. Nicht weit von hier wartet Stellenbosch, Südafrikas zweitälteste Stadt (1679), auf mit einer Handvoll Weinrouten und viel Atmosphäre. Hier gehen die vergangenen Jahrhunderte spielend in die Gegenwart über, was auch den anderen Weinstadtperlen am Kap wie Franschhoek, Paarl und Wellington hervorragend gelingt. Stellenbosch gilt mit über 60 Weingütern als die nationale Hauptstadt des Weines und eröffnete 1971 nach dem Vorbild der deutschen Weinrouten und den französischen »Routes du Vin« die erste »Wynroete«. 250 verschiedene Weinsorten lassen sich in und um Stellenbosch in den Kellern probieren, wobei die beiden nahe gelegenen historischen Weinstädtchen Paarl und Franschhoek kräftig mitmischen. Die Cabernet Sauvignons und Shiraz-Weine aus Paarl gehören zur Weltklasse!
Der Riesling, deutschen Weintrinkern gut bekannt, geht hier übrigens mit nur einem mageren Prozent ins Gesamtergebnis ein, dabei ist der deutsche Einfluss auf den Weinbau am Kap mitverantwortlich für die heutigen Spitzenweine »Made in South Africa«. Pauline vom Weingut Nederburg schließt die Augen und lässt genüsslich einen Schluck ihres Gewürztraminers über den Gaumen rollen. Dann steigt die professionelle Verkosterin erst einmal in die Geschichte ein: 200 Jahre alt ist das Weingut Nederburg, erfährt der Besucher, und dass es ein Johann-Georg Graue war,

Kapstadts »Winelands« sind eine berauschende Filmrolle aus tausend Bildern; auf diesen hier präsentieren sich – 1 *»Blaauwklippen« und sein 300 Jahre altes Herrenhaus.* – 2 und 3 *Sowohl Haus als auch Garten sind im kap-holländischen Stil.* – 4 und 5 *»Lanzerac« befindet sich ebenfalls in der Umgebung von Stellenbosch. Das Hotel hat fünf Sterne und ist umringt von Weinstöcken.*

4

5

1

2

der einst mit geschärftem Blick die idealen Bedingungen für den Weinbau am Kap ausmachte, nämlich trockene Böden, kühle Winter, reichlich Sonne und ausreichend Regen, kurzum hervorragendes mediterranes Klima. Und der Technik und Wissen aus Deutschland mitbrachte. Seinen Sohn Arnold schickte Graue nach Deutschland zurück, um ihn an der Weinbaufachschule in Geisenheim am Rhein ausbilden zu lassen. Im Rückreisegepäck hatte der Junior ein wissenschaftlich aufgebautes Rebveredelungs- und Pflanzmaterialprogramm sowie eine neue Kellertechnik, die aus dem Rheingau stammende Gärführung unter niedrigen Temperaturen. Bald schon hagelte es Goldmedallien und erste Preise.

Wegen des Apartheid-Boykotts konnten südafrikanische Winzer lange nicht zeigen, was in ihnen (beziehungsweise in ihren Flaschen) steckt, heute wird der Markt für südafrikanische Weine aber sehr positiv beurteilt: Im Segment der hochpreisigen Weine stehen die Kap-Produkte oft deutlich günstiger in den Regalen als ihre europäischen Konkurrenten. Bei gleicher Qualität, versteht sich, und trotz langer Frachtwege. Als Preisfaktoren zählen hauptsächlich der Wechselkurs zum südafrikanischen Rand, die Lohnsituation im Lande sowie das ausgezeichnete und verlässliche Klima.

Nach ausgiebiger Weinprobe steht jedenfalls fest: Favorit für heute ist der Nederburg Noble Late Harvest, eine edle Spätlese, von der es nur ein winziges Schlückchen ins Probierglas gibt. Danach folgt eine perfekt inszenierte Dia-Show über das Wein-Label »Product of South Africa«, und Pauline führt die inzwischen sehr heiteren Gäste von der Weinprobe im altehrwürdigen Friesenhaus hinüber zur Technik. In langen Reihen sind hier neben modernsten Kelter- und Tankanlagen prächtige Eichenfässer aufgestellt, »made in Germany«, wie sie stolz sagt. Nach der Kellerführung schweift draußen der Blick über das fruchtbare Paarl-Tal, das wie gemalt vor den Drakenstein-Bergen im milden Sonnenlicht liegt. »Der Rheingau vor hundert Jahren«, flüstert ein professioneller Schluckspecht aus Rüdesheim fasziniert. Weder Autobahnen oder Schnellstraßen noch Industriegebiete zerschneiden die biblisch anmutenden Rebgartenlandschaften, die sich ringsum wie der Garten Eden ausbreiten.

Weinbautradition aus dem Rheingau

Im malerischen Weinstädtchen Wellington pflegt ausgerechnet ein deutscher Zahnarzt Rheingauer Weinbautradition, seit er sein Bohrbesteck aus der Hand legte und einen der ältesten kap-holländischen Gutshäuser, Baujahr 1795, erstand. Als Relikt aus der alten Welt prangt im Kaminzimmer noch das Praxisschild von daheim: Dr. med. dent.

3

Wein keltern sei der Zahnmedizin gar nicht so unähnlich, erklärt Dr. Schumacher und schwenkt einen dunkelroten Ruby Cabernet genüsslich im Glas, »was man braucht, ist vor allem ein sachkundiges Händchen!«

Auf seinem Gut Oude Wellington werden pro Jahr 25 000 Flaschen der edlen Tropfen produziert. In der Kelterhalle stehen Vertreter der modernsten Technik, eine Weißwein-Presse der Firma Görtz-Landmaschinen neben 70 Eichenfässern für den Barrique-Ansatz, aus Frankreich importiert. Und neuerdings gibt es sogar auch noch eine kupferblitzende, große Destillieranlage zur Herstellung von Grappa und Brandy.

1 *Die Weinreben im Tal von Franschhoek vermitteln zusammen mit* – 2 *der zauberhaften kapholländischen Kirche in Tulbagh am sinnfälligsten, was Besucher in der Region leicht verzaubert.* – 3 *Im Weinkeller des historischen Weinguts »Twee Jonge Gezellen« in Tulbagh.*

Nachfolgende Doppelseite *Vorbild für die gut ausgebaute und moderne Waterfront war die Küste von San Francisco.*

1

2

3

1 und 2 *Cape Town im frühen Abendlicht zu fotografieren ist einfach und schwierig zugleich: Die Perle des Kaps braucht weder Schminke noch Verkleidung, sie ist immer nur eines: bildschön.* – 3 und 4 *Die Stadt bietet ein reiches Angebot an Möglichkeiten, egal ob nachts oder tagsüber.* – 5 und 6 *Nachts ist die Longstreet ein beliebter Treffpunkt.*

Nachfolgende Doppelseite: 1 und 2 *Indian Summer empfindet man beim Anblick der rot gefärbten Weinstöcke mit Blick in die Ferne. Und zum guten Glas Wein bekommt man in vielen Restaurants auch hervorragendes Essen.* – 3 und 4 *Das Boschendal Weingut in Franschhoek charakterisiert in seiner Lieblichkeit den Rheingau vor 100 Jahren.*

4

5

6

1

2

3

4

Zwischen West Coast und Wild Coast

Während die meisten Kapstadt-Besucher Richtung Garden Route, also nach Osten, weiterreisen, bleibt die andere Seite des Kaps mit seiner traumhaften West Coast weitgehend sich selbst – und den Capetonians – überlassen. Menschenleere Sandbuchten, endlos lange Strände, postkartenreife Leuchttürme, vorgelagerte Inseln in weiten, schilfbestandenen Wasserlandschaften sowie knallbunte Fischerboote sorgen dort für nordfriesisch anmutende Impressionen.

Nicht dass dieser Strand im weltberühmten Tsitsikamma National Park an Südafrikas Garden Route eine Besonderheit wäre – es gibt Dutzende davon, verteilt auf Tausende Kilometer.

Traumküsten am Kap

West Coast National Park – Zederberge – Ost-Kap – Walker Bay – Garden Route – Addo Elephant National Park – Wild Coast

Bis hinauf zur St. Helena Bay und weiter nördlich erstrecken sich die Arbeitsplätze der Langustenfischer. In Landschaften, die an Schleswig-Holstein erinnern, mit rustikalen Küstenorten, weiß getünchten Fischerkaten, Trockengestellen voller gesalzener Makrelen sowie brandungsstarken Hotspots für Windsurfer, die sich von den bescheidenen Wassertemperaturen (eher unter 15° Celsius als darüber) nicht beeindrucken lassen. Wir rollen über die R 307 und genießen die ersten maritimen Aussichten in Yzerfontein, einem einst winzigen, romantischen Fischerdorf, wo die frischen »Frutti di Mare« direkt vom Bootsdeck an die Klientel aus der nur 60 Kilometer entfernten Großstadt verkauft werden. Ein boomender Immobilienmarkt hat auch schon die nächste Strandpreziose entdeckt, den hübschen Lagunenhafen Langebaan, um den sich zunehmend moderne Ferien- und Wochenenddomizile ausbreiten. Die drei bekanntesten Szene-Restaurants heißen »Pearlys«, »Driftwoods« und »Strandloper«. Hier kommt der fangfrische Fisch in allen Variationen – gebraten, gekocht, gegrillt oder in köstlichen Suppen – auf den Tisch, neben handtellergroßen Austern, Muscheln und Langusten.

Zuflucht für Zugvögel

Das reinste Naturspektakel veranstaltet der West Coast National Park gleich nebenan, dessen maritime Areale sich mit weitläufigen Salzmarschen, Schlick- und Schilfflächen zwischen Yzerfontein und Langebaan ausbreiten. Sixteen Mile Beach heißt die schmale Landzunge, die den Atlantischen Ozean von einem einzigartigen Vogelparadies trennt, das Ornithologen aus aller Welt begeistert: Massen von Kap-Tölpeln, Kormoranen, Brillenpinguinen und Flamingos geben sich in den hiesigen Feuchtgebieten ein Stelldichein, manchmal sind es bis zu 60 000 Vögel auf einen Schlag. Eine wahrhaft idyllische Westküstenperle ist das schöne Paternoster, das sich seinen typisch kapholländischen Stil erhalten hat und mit seinen putzigen Fischerhäusern seit eh und je ein Pilgerort für Künstler und Fotografen auf der Suche nach Inspiration ist. Die stellt sich auf der Veranda des »Voorstrand«-Restaurants am weiten Sand Beach ebenso automatisch ein wie im »Café Suzi« im Augustineweg oder im »Paternoster Drankwinkel« schräg gegenüber. Während heute der lokale Supermarkt für »Beer & Wine« die Strandenklave mit eisgekühltem Nachschub versorgt, blieb portugiesischen Schiffbrüchigen, die es einst zwischen die rundgeschliffenen Granitfelsen spülte, nur das Vaterunser – was der makellosen »Paternoster-Baai« ihren Namen gab. Wer noch mehr will, fährt zur nächsten Bucht, zur Jacobsbaai: Im »Weskusplek«, dem einzigen Restaurant

1 *Korbblütler in allen Farbvariationen inmitten der traumhaften Landschaft des West Coast National Parks bei Langebaan an Südafrikas Westkap.* – 2 *Die Wildblumen gibt es in vielen Farben und Formen.*

1

2

1

2

in dieser von Unruhe völlig freien Bucht, bleiben West-Coast-Experten in kulinarischer Hinsicht garantiert unter sich.
In Velddriff sollten Selbstfahrer laut Reiseführer unbedingt den Reifendruck absenken, weil eine heftige Schotterpiste über Elandsbaai bis nach Lambert's Bay führt. »Die ist nur für Touristen«, winkt Tankwart Henk grinsend ab und empfiehlt stattdessen die feine Teerstraße über das pittoreske Seaside-Domizil Dwarskersbos, wo sich die beneidenswert hübsche Strandarchitektur mit einer grandiosen Seelage paart. Und nonstop passiert man malerische Landschaften: Schafe, Kühe und Ziegen stehen auf saftigen Weiden, gesäumt von beeindruckenden Dünenbergen, hinter denen der kalte Atlantik auf endlose Kilometer Sand schwappt.
Elandsbaai, das nur dank einer Fischfabrik und einer Handvoll metropolitischer Individualisten existiert, kündigt sich durch eine schilfbestandene Lagune als grünendes Paradies an, das sich an einer weitläufigen Bucht zum tiefblauen Ozean hin öffnet. Jenseits dieser kuriosen Ansiedlung mit dem nicht ganz unpassenden Namen schlängelt sich die Straße durch sanfte Küstenhügel bis zu einem absolut deplaziert wirkenden Parkplatz einige Kilometer vor Lambert's Bay. Was sich dahinter verbirgt, nennt sich »Muisbosskerm« und ist ein populärer Open-Air-Gourmet-Tempel: Inmitten der Dünen und zum Rauschen der Brandung gibt es hier für rund 20 Euro köstliches Seafood (inklusive Hummer und Langusten), soviel man essen kann.

Die Zederberge

Im windumtosten Hafenstädtchen Lambert's Bay, dessen Trawler-Flotte alltäglich Frischware anlandet, serviert die kaffeebraune Julanda im Hafenrestaurant »Kreefhuis« zum »Catch of the Day« und dem emsigen Gebrumme zweier Gabelstapler, die sich mit dem Verfrachten von tropfnassen Hummerkisten abmühen, eiskalten Sauvignon Blanc. Nicht weniger atmosphärisch lässt es sich um die Ecke bei »Isabella's« auf der Hafenmole essen, der Fußboden der illustren Fischkneipe besteht nur aus Muscheln und Sand.
Wenn sich nach 30 Fahrminuten Clanwilliam ankündigt, beginnt mit den Zederbergen das Kontrastprogramm: Monumentale Felsformationen bauen sich auf, in denen Leopard, Pavian, Fuchs, Wildkatze und Stachelschwein eine Wildnis vorfinden, die auch von einem Dutzend Schlangenarten bevölkert wird, von Berg- und Puffottern bis zu schwarzen, giftspuckenden Kobras. Inmitten dieser steinigen Dramaturgie hat sich seit einem Jahrzehnt die »Bushman's Kloof Wilderness Reserve« etabliert, auf einer Fläche beinahe so groß wie Sylt. Eine der wohlhabendsten Familien am Kap (der Senior heißt Stanley Tollman und stammt aus Paternoster) hat hier ein Naturparadies erster Güte erschaffen. 100 Angestellte kümmern sich um die 16 Zimmer in den stilvollen kapholländischen Häusern sowie um ein paradiesisches Pflanzenareal, das sich zwischen imposanten Felsen ausbreitet. Seltene Cape-Mountain-Zebras, Strauße und verschiedene Antilopenarten lassen sich in dem Biosphärenreservat auf dem »Nature Drive« entdecken, außerdem über 100 steinzeitliche »Bushman's Paintings« (Felsmalereien der San) sowie die ehemals deutsche Missionsgemeinde Wupperthal, die nur eine halbe Fahrstunde entfernt liegt.
Allerdings: Wer sich hier vom Fleck rührt, ist selber schuld. Die meditative Stille der Felsen-Lodge wird nur durchbrochen vom Rauschen des Windes, der sich im Geäst ausladender Feigenbaum-Riesen verfängt. Aufgestaute Süßwasserseen

3

1 *Die zauberhafte Langebaan Lagune mit dem Städtchen Langebaan vom West Coast National Park aus fotografiert.* – 2 *Kaptölpel-Kolonie im Bird Island Nature Reserve in Lambert's Bay. Die Flügelspannweite des Kaptölpels beträgt 170 bis 185 cm.* – 3 *»Wupperthal«, die historische Missionsstation in den nahen Zederbergen.*

sowie großflächige Pools laden zum Baden ein inmitten eines Vegetationsrausches von der Qualität eines botanischen Gartens. »Ich müsste längst woanders sein«, erklärt der Ranger Jaco Fourie, doch wegen der besonderen Energie der Tollman-Utopie schiebt er seine Kündigung Jahr um Jahr auf. »Aber wie nur unterschreibt man aus freien Stücken die eigene Vertreibung aus dem Paradies?«

Dabei muss eine Reise die Westküste hinauf hier noch lange nicht zu Ende sein: Auf einer der schönsten Panoramarouten im südlichen Afrika kommt nach dem südafrikanisch-namibischen Grenzübergang in Noordoever eines der ganz großen Abenteuer auf Cape-Namibia-Fahrer zu, der Fish River Canyon, sowie die Entscheidung: Von der B1 links ab zur Atlantikperle Lüderitz und ins Diamantensperrgebiet? Oder über Klein-Aus gleich nach Sossusvlei, ins rote namibische Sanddünengebirge?

Füllig: das Ost-Kap

Ohne Zweifel ist die Autobahn von Kapstadt in östlicher Richtung eine der schönsten Strecken der Welt – um im Stau zu stehen ... Dieser ist freitags ziemlich sicher, denn dann machen sich die Capetonians entlang ihrer vielzackigen Bergketten auf in die Weekend-Kolonien an den verträumten Buchten des Indischen Ozeans.

Das noble Strandstädtchen Hermanus, das schon beim Thema Immobilienpreise am Kap Spitze ist, zählt zu den besonders beliebten Plätzen. Es beherbergt nicht nur ein Walbeobachtungszentrum, sondern beschäftigt auch noch den kuriosesten Walausrufer der Welt. Der eilt durch Hermanus' Straßen und bläst laut ins Horn, um den Fremden in den Boulevardcafés die Ankunft neuer Wale zu verkünden. In der Walker Bay zwischen Hermanus und dem Küstenstädtchen De Kelders tummeln sich an guten Tagen bis zu 60 der riesigen Säuger, die zwischen Juni und September aus den eiskalten Antarktisgewässern in die warmen, geschützten Buchten der Südküste ziehen, um sich zu paaren und ihre Jungen zur Welt zu bringen. Wenn die rund 60 Tonnen schweren und bis zu 18 Meter langen Glattwale spektakulär aus dem Wasser schießen, um dann mit gewaltigem Getöse auf der Wasseroberfläche aufzuschlagen, sind die Walbeobachter an Land jedes Mal in hellste Aufregung versetzt. Manchmal patschen die gutmütigen Tiere mit der Schwanzflosse verspielt aufs Wasser und blasen dazu auch noch fotogen Wasserfontänen in die Luft. Die Southern Right Whales (Südliche Glattwale) vor Südafrikas Küsten sind inzwischen so populär, dass manche Wildlife-Experten aus den legendären »Big Five« am liebsten »The Big Six« machen würden. Immerhin waren die beliebten Riesen wie ihre Savannen-Kollegen, die Nashörner, beinahe schon ausgerottet. Walfangflotten hatten die Bewohner der Weltmeere Ende des 18. Jahrhunderts wegen ihres Tranes (als Brennstoff für Lampen, als Grundstoff für Seife und Linoleum sowie als Arzneimittel) und ihrer Barten (zur Herstellung von Korsettstangen) massenhaft aus den Ozeanen gezogen. Die Populationen erholten sich erst, als die Wale ab 1935 vermehrt geschützt und ihr Fang 1976 in Südafrika endgültig verboten wurde.

Auf der Cape Whale Route an der Küste entlang, zwischen Strandfontein und dem Tsitsikamma National Park bei Knysna, lassen sich die größten Säugetiere der Erde an vielen Orten von Land aus sehr gut beobachten. Seit Kurzem erhalten Kleinveranstalter Lizenzen, um erstmals auch mit kleinen Booten auf Walbeobachtung zu gehen. Vor allem farbige und schwarze Jungunternehmer sollen auf diese Weise

1 *Südlicher Glattwal, auch Südkaper genannt, beim Auftauchen vor der Küste.*
2 *»Whale Watching« ist in Hermanus immer ein Riesenspektakel.* – 3 *Wer sich gerne dabei bewegt, sollte den Hermanus Cliff-Wanderweg zwischen Longbaai und Kamma Bay nehmen. 50 bis 100 Walsichtungen am Tag sind hier üblich.*

2

3

1

2

ermuntert werden, sich im Whale-Watching zu engagieren – allerdings unter strengen Auflagen, damit der Schutz der Tiere auch weiterhin gewährleistet bleibt.

Die Bucht der Wale

Zwischen Hermanus und dem Fischerörtchen Gansbaai ist in den sanften Hügeln der Swartkransberge mit der Bio-Lodge Grootbos eine Beobachtungsstation der anderen Art entstanden. Zwar warten auf den Aussichtsterrassen von Grootbos hochwertige Leica-Fernrohre auf jene, die von den Walen in der Walker Bay unten nicht lassen können. Aber hier oben handelt die Geschichte eigentlich von Ameisen, Mäusen und Menschen, von Fynbos und Milkwood, von Asche und von Erika. Das hört sich im ersten Moment wenig spannend an, vor allem wenn man weiß, dass jenseits der weitläufigen Bucht, weiter draußen auf Dyer Island, Scharen von Pinguinen warten. Die Nachbarinsel Geyser Island, ein blanker, vom Meer umtoster Felsklotz, bevölkern 55 000 Robben, den Inselkanal dazwischen durchpflügen tonnenschwere, bis zu 6 Meter lange weiße Haie. Und Kormorane sind so zahlreich vertreten, dass sie beim plötzlichen Auffliegen mit ihrem Geflatter zuweilen den Himmel verdunkeln.
Aber unter den heimeligen Reetdächern von Grootbos wird ausschließlich über Flora »en miniature« gefachsimpelt. Da sind *Leucospermum* oder *Protea obtusifolia* feste Größen, in einem Umfeld, das am ehesten mit der Wattlandschaft bei Keitum vergleichbar ist. Wobei sich gar nicht selten Sylter Impressionen in die Landschaftsoptik einschleichen: Der Blick von der friesisch anmutenden Lodge geht über riesige Sanddünengebiete, in denen hartnäckig der Strandhafer kämpft, auf unablässig anrollende Wellenberge, die sich an feinsandigen Stränden kleinlaufen, und soweit das Auge reicht, blüht eine wildromantische Heidevegetation, die typisch ist für das Kap mit ihren vielen endemischen Pflanzen, deren aktuelle Farbmischung gerade von 35 verschiedenen Erikaarten bestimmt wird. Studierte Botaniker weihen Neuankömmlinge erst einmal in die Welt der kleinblättrigen Mini-Sträucher, des Fynbos, ein.
Natürlich wachsen hier auch größere Büsche (»Grootbos«) und sogar richtige Bäume, die bis zu 1000 Jahre alten Milkwood Trees. Die seltene Spezies *Sideroxylon inerme* hat sich im Schutzgebiet von Grootbos zum größten Milkwood-Wald Afrikas versammelt. Diese Kap-Flora wuchert mit tausenden Arten auf kleinsten, teilweise nur wenige Quadratkilometer umfassenden Arealen.
Aufgrund von Mikroklimata kann das Sortiment in der nächsten Bucht schon ganz anders aussehen. Von weltweit 860 Arten Erika finden sich allein 730 im Blumen-Eldorado am Kap. Ebenfalls phänomenal ist, dass es mit der Fynbos-Vegetation erst richtig losgeht, wenn es brennt. Denn erst nach einem Feuer öffnen sich

3

4

5

1 *Die prachtvolle Protea ist die Nationalblume Südafrikas.* – 2 *Spielende Robben vor der Küste in Plettenberg Bay.* – 3 *Entlang der Garden Route lassen sich viele Robben beim Sonnenbaden beoabachten.* – 4 *Hermanus ist der perfekte Platz für Walbeobachtungen.* – 5 *Haie findet man vor allem in Gansbaai. Hier wird auch Käfigtauchen angeboten.*

die Samen der Pflanzen im Erdreich und treiben dann einen noch dichteren, wilderen Bewuchs hervor – ein Evolutionsbeispiel aus Gebieten, in denen sonst die Vegetation durch Buschfeuer zerstört würde. Wie raffiniert das Reproduktionssystem funktioniert, macht ein Botaniker von der Universität Kapstadt am Beispiel der Protea, Südafrikas Nationalblume, deutlich: Protea-Samen, die zu Boden fallen, werden von Ameisen in ihre unterirdischen Nester verschleppt, aber nur die feine äußere Hülle wird von den Tierchen verspeist. Die in den Ameisenbauten vor Vögeln und Mäusen sicheren Samenkerne warten jetzt auf Feuer, Asche und Regen: Erst chemische Stoffe in der Asche, vom Regen an die Pflanzensamen gespült, stimulieren ihr Wachstum. »Ohne Feuer«, lächelt der Wissenschaftler, »passiert da gar nichts!« Immer wieder versuche man deshalb, das Naturreservat abzufackeln. Kontrolliert natürlich. Doch schon häufig machte eine starke Seebrise einen Strich durch diese Rechnung, und die einsatzbereite Feuerwehr musste wieder abrücken, bis zum nächsten Versuch.

Grootbos ist das Lebenswerk der Lutzeyers, zweier Ehepaare aus Lüneburg und Nassau. Natürlich gibt es hier deutschen Schnaps und dunkles Körnerbrot. »Beim Wein ließ sich nichts machen«, zuckt Michael Lutzeyer bedauernd mit den Schultern, der sei unschlagbar und ausschließlich Made in South Africa, genau wie der einheimische Chefkoch. »Und erzählt bloß nix von Schlangen zu Hause«, setzt der Grootbos-Boss nervös hinzu, wo sie doch gerade mal wieder eine Puffotter gefangen haben, »wir haben hier nur Frösche!«

Weiße Haie und die Garden Route

Wem ein Naturreservat zu wenig Nervenkitzel bietet, der kann sich in einer von Gansbaais Adventure-Agenturen zum ultimativen Kick anmelden und in die Welt der Weißen Haie abtauchen. Im Käfig natürlich. Sonst würde er womöglich Cape Agulhas, das echte Kap, verpassen, anderthalb Fahrstunden ostwärts von hier. Wo tatsächlich Atlantischer und Indischer Ozean aufeinander treffen, und nicht, wie die meisten glauben, am Kap der Guten Hoffnung. Genau hier ist er nämlich, der Southernmost Point of Africa, unter dem rot-weiß gekringelten Leuchtturm von 1848. Der wurde einst mit Schafschwänzen befeuert und verrät in seinem »Lighthouse Museum«, dass er dem Leuchtturm von Pharos bei Alexandria im alten Ägypten nachgebaut sei. Außerdem rühmt er sich, nach seinem Kollegen in Kapstadts Green Point der dienstälteste seiner Art zu sein.

In Mossel Bay beginnt die Garden Route, ein lohnender Umweg über Swellendam führt den Reisenden hin. Umringt von den Langeberg Mountains ist Südafrikas drittälteste Stadt (1743) ein städtebauliches Schmuckstück mit liebevoll restaurierten kapholländischen Häusern – und einem der interessantesten Museumskomplexe des Landes, der Drostdy. Der ehemalige Verwaltungssitz der Kap-Regierung in der Swellengrabel Street spiegelt mit seiner Ausstattung den überschwänglichen Lebensstil des 18. und 19. Jahrhunderts wider.

Von Swellendam geht es auf dem Weg nach Mossel Bay kurz vor Heidelberg links ab und dann über den Tradouws-Pass auf die »Route 62«, eine der landschaftlich schönsten Reiserouten der Kapregion. Die »62« schlängelt sich hier durch die fruchtbaren Täler der Kleinen Karoo, vorbei an gestandenen Felsmassiven, deren Gipfel im Winter schneebedeckt sind, nach Ladismith, einem be-

1 *Tatsächlich ist Cape Agulhas der südlichste Punkt Afrikas.* – 2 *Plettenberg Bay ist einer der reizvollsten Strandorte, um dort zu leben und Urlaub zu machen.* – 3 *Wer in einer Township lebt, vertreibt sich seine Zeit häufig mit Fußball, wie diese Jungs hier.*

2

3

1

2

liebten Wandergebiet am Fuß des Towerkop, und weiter bis zu den ehemaligen Missionsstationen Zoar und Amalienstein. Von Calitzdorp, der Hochburg des Portweins, ist es dann nur noch ein Katzensprung bis nach Oudtshoorn, dem Zentrum der Strauße. Wer mit den seltsamen Laufvögeln wenig am Hut hat, fährt ein kleines Stück weiter über den Swartberg-Pass und überwindet so das letzte Hindernis vor Prince Albert. Das kleine Bergstädtchen, das schon mitten in der Großen Karoo liegt, stellt ein ganz besonderes Kleinod dar: Umgeben von bizarren Berglandschaften, deren Gipfel 2000 Meter erreichen, gedeihen in dieser paradiesisch anmutenden Enklave Oliven, Obst und Merinoschafe. Prince Albert, benannt nach dem Prinzgemahl Queen Victorias und 650 Meter über dem Meeresspiegel gelegen, ist mit seinen viktorianischen Fassaden beinahe ein lebendiges Museum und als Quartier bei Wanderern äußerst beliebt. Vor allem, wenn im Frühling die Obstbäume blühen und das Land mit Millionen von Wildblumen übersät ist, oder zum Olivenfest im April, dem südafrikanischen Herbst. Im Sommer, also im Dezember, wenn es in der Karoo heiß und trocken ist, hält Prince Albert einen Winterschlaf.

Weltbekannt: Südafrikas Garden Route

Von Mossel Bay windet sich die legendäre Garden Route über 400 landschaftlich spektakuläre Kilometer die Küste entlang bis nach Port Elizabeth. Den dicksten Happen aus diesem »most spectacular landscape« beißt sich der Outeniqua Choo-Tjoe heraus, ein alter Dampfzug, der von Mossel Bay bis nach George durch eine Kulisse aus Wäldern, Seen und Flüssen schnauft. Das Strandpanorama von Wilderness scheint nicht von dieser Welt; die einst verschwiegene Naturschönheit aus Lagunen, Sanddünen und Bergketten, seit jeher von Künstlern, Anglern und anderen stilsicheren Individualisten als Wohn- und Weekend-Paradies geschätzt, wurde als Wilderness National Park vor der absehbaren Zersiedelung rechtzeitig geschützt. Naturfreunde, die sich im verträumten Örtchen Wilderness einquartieren, werden die Idylle aus reetgedeckten Giebeln und den 7 Kilometer langen Kingfisher Trail ebenso lieben wie die Wanderwege durch das Goukamma Nature Reserve, ein weitläufiges Küstenschutzgebiet zwischen Wilderness und Buffels Bay.

Hinter den nächsten Kurven wartet Knysna: Mit einer lebendigen touristischen Infrastruktur liegt das liebliche Küstenstädtchen wie gemalt an seiner Lagune, die als National Lake Area unter Naturschutz steht. Restaurants, Bars und eine Promenade mit Blick auf die schaukelnden Boote laden zum Genießen am Meer ein, und eine stilvolle Miniaturausgabe von Kapstadts Waterfront lässt die »Wilderness« hier nicht gar zu einsam erscheinen. Jenseits der Urlaubshochburg Plettenberg findet die Garden Route mit dem Tsitsikamma National Park nicht nur ihre letzte, sondern auch eine ihrer interessantesten Stationen: Afrikas erster Meeresnaturschutzpark bietet beeindruckende Wasserlandschaften aus wildromantischen Flussläufen, endlosen Dünengebieten, Süßwasserseen, einsamen Sandstränden und Klippen, die von der Brandung umtost werden. Sogar Korallenriffe lassen sich unter Wasser bewundern. In der Mündung des Storms River finden Schwimmer und Schnorchler ihr Paradies. Wander-

3

1 und 2 *Ein Sonnenaufgang wie dieser über Plettenberg Bay scheint sich farblich an der zu dieser Zeit noch schlafenden Flora zu orientieren.* – 3 *Im Tsitsikamma National Park, gleich nebenan, spielt währenddessen das Wetter an der Küste wieder einmal verrückt. Wer hier Unterschlupf gefunden hat, kann das Schauspiel von einem trockenen Plätzchen aus ganz in Ruhe genießen.*

freunde buchen einen mehrtägigen Track (übernachtet wird zünftig in Hütten und Camps) oder ziehen auf eigene Faust durch den ursprünglichen Tsitsikamma Forest – mit 43 000 Hektar der größte zusammenhängende Urwald Südafrikas! »The finest walks in the world« finden in diesem Garten Eden statt, auf dem Otter Trail oder dem Elephant Walk. En route ragen Outeniqua Yellowwood Afrocarpus falcatus auf, bis zu 50 Meter hohe Riesen mit Durchmessern von über 3 Metern. Manche der gewaltigen Bäume werden 800 Jahre alt. Der größte hier, »The Big Tree«, hat eine sagenhafte Kronenspannweite von über 30 Metern.

Addo Elephant National Park

Nach der quirligen Hafen- und Industriestadt Port Elizabeth (1 Million Einwohner, Produktionsstätte für Volkswagen und Ford) und East London, dem heutigen Buffalo City (Produktionsstätte für Mercedes), folgen nun nicht etwa nur Örtchen wie Hamburg, Braunschweig, Berlin oder Potsdam, die an ihre frühen, deutschen Siedler erinnern. Jenseits von East London kommt auf Besucher auch ziemlich berauschend die Wild Coast zu, die wilde Küste der Xhosa, mit ihren verschwiegenen Buchten, bizarren Höhlen und wahren Traumstränden.
Vorher, im Addo Elephant National Park, nur 70 Kilometer von Port Elizabeth entfernt, ließen sich Elefanten sowie seltene Spitzmaulnashörner, Kap-Büffel, Kudus und Antilopen vom eigenen Auto aus beobachten. Dieser Park schreibt über seine eigenwillige Dickhäuter eine besonders eigentümliche Geschichte: Der Sieg der Elefanten über weiße Siedler ist hier nachzulesen, die mit ihren Feldern und Farmen den Lebensraum der grauen Riesen immer weiter einschränkten. Wobei gegen Ende des 19. Jahrhunderts die Elfenbeinjäger ohnehin nicht mehr viele von ihnen am Leben gelassen hatten. Die Addo-Elefanten jedoch, die letzten einer speziellen Kap-Spezies, galten als angriffslustig und ließen sich, so die Anekdoten, nichts Unrechtes gefallen. Sie verwüsteten auf Nahrungssuche die Felder und Gärten der weißen Farmer, die ihnen auf ihren angestammten Pfaden zum Sundays River im Weg waren. Nachdem sich die Elefanten immer störrischer verhielten, wurde ein kriegserprobter Major damit beauftragt, das Übel nachhaltig zu beseitigen, welcher daraufhin in kürzester Zeit 120 Tiere abknallte. Nur 16 überlebten das Schlachtfest. Auf den Protest der Bevölkerung hin wurde für die verbliebenen Exemplare im Jahr 1931 ein Wildreservat eingerichtet, aber die verschreckten Tiere brachen aus. Einmal belagerten sie unnachgiebig einen nahegelegenen Bahnhof und wollten freiwillig nicht weichen. Selbst die Arbeiter des Parks lernten zeitweilig das Fürchten und rannten um ihr Leben. Als sich eine Elefantenkuh einmal auf einen passionierten Orchideenzüchter setzte, weil dieser ihr das Elefantenbaby stehlen wollte, blieb von dem Herrn wenig übrig. Als vor Jah-

1 *Kuhantilope,* – 2 *Warzenschwein und …* – 3 *Kudu-Antilope sind neben zahllosen Elefanten im Addo-Nationalpark vertreten.* – 4 *Der Afrikanische Elefant hat im Unterschied zum Asiatischen deutlich größere Ohren.* – 5 *Beliebteste Treffpunkte unter den Tieren sind Wasserlöcher wie dieses.*

4

5

1

2

ren ein Addo-Elefant von seiner Herde getrennt wurde, um in einen anderen Park umgesiedelt zu werden, tötete er dort einen Menschen und kippte später aus Wut noch einen Lastwagen um. Das Verhalten der Addos brachte ihnen den Ruf ein, aggressiver als ihre Artgenossen zu sein. Heute sind sie aber friedlich, und im Park leben inzwischen wieder einige hundert Exemplare dieser ganz besonderen Spezies.

Die wilde Küste der Xhosa

Die Wild Coast verdankt ihren Namen ihren vorgelagerten Riffen und Untiefen, die zahlreiche Schiffe auf Grund brachten. Und sie ist wirklich wild, nämlich von einer wilden Schönheit. Weil sie bis heute geblieben ist, was sie immer war: ein Stück ungebändigte Natur. Und weil es keine durchgehende Küstenstraße gibt, nur kleine Stichstraßen zum Meer, viele davon holprige Pisten, die nach heftigen Regenfällen schnell zu Schlammfallen werden. Aber sie führen zu Stränden, die einsam und fast unberührt am Indischen Ozean liegen, geradezu filmreif und doch noch viel besser.

Wer es zwischen wildromantischen Flusstälern und steilen Bergrücken bis zu den Lagunen der Flussmündungen geschafft hat, wird reichlich belohnt. Aber Vorsicht, nicht alle Strände sind durch Netze vor Haien gesichert! Eines der schönsten Fleckchen an der wilden Küste ist Coffee Bay, das so heißt, seit im Jahr 1893 in seiner Bucht ein mit Kaffeebohnen beladenes Schiff strandete. Die Bohnen wurden an Land gespült, keimten, schlugen Wurzeln und ließen Kaffeesträucher wachsen. Nach den Relikten der Legende suchen Besucher allerdings vergeblich: Im salzhaltigen Boden, so ist zu lesen, konnten die Keimlinge nicht lange überleben. Das alles interessiert vor Ort aber niemanden. Als ob hier jemand nach Kaffeesträuchern Ausschau hielte, wo eine wildromantische Idylle die Besucher beinahe erschlägt! Bei all den traumhaften Küsten an der Wild Coast hat auch das Hinterland an Farbkolorit einiges zu bieten. Die ärmliche Transkei, das frühere Homeland der Xhosa, der »Menschen mit den roten Decken«, gehört seit dem Ende der Apartheid zur Eastern Cape Province. Eine Reise durch die Landschaften aus grünen Hügeln, steilen Tälern und wasserreichen Flüssen gehört zu einem der authentischsten Erlebnisse in den östlichen Regionen Südafrikas.

Die Xhosa, noch tief in ihren traditionellen Bindungen verwurzelt, finden nach wie vor im Kraal ihre soziale und ökonomische Einheit. Die grasgedeckten Rundhütten zeichnen zuweilen ein archaisches Bild, vor allem, wenn Xhosa-Frauen Pfeife rauchend vor den Lehmbehausungen auftauchen, um ihren Männern, die dort hocken und palavern, den Hirsebier-Nachschub zu bringen. Langsam und würdevoll schreiten sie daher, manchmal mit einer seltsamen Ausdrucksstärke in ihren dunklen Gesichtern. Ein Lachen zaubert hier aus dem Tiefsinn abrupt ein Paradies herbei.

Geheimtipp unter Tauchern

Schon lange hat er sich bei Tauchern, Hochseefischern und Surfern einen Namen gemacht, zunehmend entdecken ihn nun auch Küstenwanderer: Der Landstrich zwischen Port Edward und Morgan's Bay ist voller Felspools, rauschender Flüsse und Wasserkaskaden wie den Magwa Falls. Einsame Lagunen, bizarre Klippen, versteckte Sandbuchten und herrliche Küstentrails prägen dieses Wanderparadies. Einer der schönsten Pfade, der Wild Coast Hiking Trail, beginnt in Port Edward.

Zu einer Idylle hat sich das ehemalige Hafenstädtchen Port St. Johns entwickelt, das mit seiner Lagune Treffpunkt von Künstlern, Malern und eines sonstwie »hippen« Publikums ist. Nach sportivem Beach-Life kann man sich hier zwischen hübschen Boutiquen und Galerien und in entspannten Bars vergnügen.

1 *Festival der traditionellen afrikanischen Heiler: ein Sangoma-Fest der Xhosa in einem typischen Rundhüttendorf in Südafrikas Transkei.* – 2 *Um die Sangomas zu ehren, ziehen sich alle schön an.* – 3 *Sangomas verwenden traditionell Knochen, Kräuter, Träume und Trance, um ihre Medizin herzustellen und Menschen zu heilen.*

Landschaft, Küste, Strand und eine blühende Kranz-Aloe an der Wild Coast, die eines der letzten naturbelassenen Küstenparadiese der Welt ist.

Nachfolgende Doppelseite
1 *Die Transkei, ein Gebiet im östlichen Kapland Südafrikas, wurde 1963 als Homeland mit Selbstverwaltungsstatus eingerichtet.* – 2 *Transkei bedeutet »jenseits des Kei«. Der Kei ist ein Fluss an der Südgrenze der Transkei.* – 3 *Frauen auf dem Weg zurück ins Dorf. Sie tragen Wasserbehälter auf dem Kopf.* – 4 *Nach der Abschaffung der Apartheid wurde das rückständige Gebiet zur Provinz »Eastern Cape« (Ostkap), das heute noch den Reiz längst vergangener Zeiten besitzt.*

1

2

3

4

Südafrikas Wüsten

Vereinzelt zeigen sich Farmhäuser in der Ebene, dort, wo Merinoschafe und Angoraziegen das allerletzte vom Boden abknabbern, dann wieder dramatische Felsauftürmungen wie im Valley of Desolation. Das Beste findet in dieser kargen Gegend nachts statt, wenn es in der Großen Karoo eiskalt wird und der Himmel so klar wie am Südpool und sich Sternegucker aus aller Welt im South African Astronomical Observatory in der Nähe von Sutherland versammeln. Ähnlich wie im Namaqualand explodiert bei Regen die ausgedörrte Erdkrume der Karoo: All die Samen der Sukkulenten-Flora, die die Trockenheit überlebt haben, beginnen dann blitzschnell zu keimen, und ein bunter, surreal anmutender Blütenteppich überzieht für ein paar Tage das sonst trockene Land.

Weltberühmt sind die roten Sanddünen des ehemaligen Gemsbok Nationalparks, der jetzt zusammen mit seinem botswanischen Teil zum Kgalagadi Transfrontier National Park geworden ist – zum Nationalpark ohne Grenzen.

Von Sterneguckern und blühender Flora im Sand

Karoo National Park – Kalahari – Kimberley – Augrabies Falls – Upington – Namaqualand

Die beeindruckendsten Ausprägungen der Karoo-Landschaften konzentrieren sich im Karoo National Park, garniert mit Bergzebras, Kudus, Eland-Antilopen, Spring- und Gemsböcken. Ein Besuch des Parks lässt sich mit einem Abstecher von der Garden Route (von Mossel Bay oder George aus) bewerkstelligen. Die Strecke über den 1438 Meter hohen Swartberg-Pass führt vorbei am Zentrum der Straußenzucht, Oudtshoorn, und jenseits des Passes zum malerischen Bergort Prince Albert. Wer vom Charme der Großen Karoo infiziert ist, gönnt sich im hübschen Matjesfontein eine Nacht im Lord Milner Hotel und lässt den Trans Karoo Express von Kapstadt nach Johannesburg und Pretoria getrost weiterfahren, um einen Abstecher nach Graaff-Reinet zu machen: Die viertälteste Stadt Südafrikas wurde 1786 gegründet und gilt als eine der schönsten des Landes.

Neben der Großen gibt es noch eine Kleine Karoo, ein Längstal, das im Norden von der trockenen Großen durch die über 2000 Meter hohen Witteberge, die Kleinswartberge und die Grootswartberge abgetrennt wird, im Süden blockieren die Outeniqua-Berge und die Langeberg Mountains den Zugang zum Indischen Ozean. In der wüstenähnlichen Landschaft weht nur selten der Wind, weshalb Temperaturen meist höher gefühlt als gemessen werden. Trotz großer Hitze im südafrikanischen Sommer ist die Kleine Karoo ein idealer Lebensraum für seltene Pflanzen und Tiere, und durch geschickte Bewässerung werden neben Tabak sogar Obst, Gemüse, Weintrauben und Getreide angebaut.

1 *Die bizarre Landschaft des nahegelegenen Valley of Desolation, »Tal der Trostlosigkeit«, erinnert an eine Szenerie im Wilden Westen.* – 2 *Über 200 historische Gebäude versammelt das Karoo-Städtchen Graaff-Reinet und gilt deshalb als das »Juwel der Karoo«. Zusammen sind sie die Hauptattraktion des Karoo Nature Reserve und des Camdeboo National Parks.*

1

2

1

2

Steaks aus Oudtshoorn

Ebenfalls hervorragend gedeiht *Struthio camelus*, der Strauß. Er ist ein sonderbares Tier: ein schneller Vogel, der nicht fliegt, mit 4 Meter langen Schritten aber locker 50 Stundenkilometer erreicht, die er, wenn es sein muss, eine halbe Stunde lang durchhält. Hat er es mal richtig eilig, kann er sogar auf 80 Stundenkilometer kommen! Ein Straußenhahn wird 2,50 Meter groß und 150 Kilogramm schwer, und das alles auf Beinchen, die so lang und so dünn sind wie sein Hals. Wohlverdient ehelicht so ein Tausendsassa gleich mehrere Hennen, die er auch noch dazu kriegt, einträchtig ihre Eier ins gleiche Nest abzulegen.

Und das Markenzeichen der südafrikanischen Tierwelt zeitigt noch eine Menge anderer Kuriositäten; Merkwürden hat weder Kropf noch Zähne und schluckt an festen Bestandteilen alles, was sich finden lässt, um damit im Magen seine Nahrung zu zerkleinern. Sogar Sonnenbrillen sollen schon in Straußenmägen gefunden worden sein, wenngleich in Anbetracht seines Lebensraums die äußerliche Anwendung angebrachter wäre. Strauße können außerdem kilometerweit scharf sehen, was plausibel erklärt, warum sie Brillen lieber schlucken als tragen. Seine schönen, langen Wimpern sind in Wahrheit sanfte Federn, die Füße bestehen aus nur zwei Zehen, die allerdings gefährliche Krallen tragen und zu gefährlichen Killerwerkzeugen mutieren, wenn Gefahr droht und die Vogel-Strauß-Methode – den Kopf in den Sand stecken – nicht besonders hilfreich erscheint. Vor allem das schwarz-weiß gefiederte Männchen kann sich vehement zur Wehr setzen: Sogar Elefanten und Löwen sollen vor ihm zurückweichen. Die schlicht in Erdbraun gehaltenen Weibchen wenden bei Gefahr dagegen eher die bekannte Taktik des Abtauchens an. Und nicht zuletzt kann der Strauß gänzlich ohne Wasser auskommen, weil ihm die Flüssigkeit seiner kleinen Beutetiere oder von Früchten und wasserhaltigen Sukkulenten, die er verzehrt, vollkommen ausreicht.

Wer nun glaubt, die seltsame Kreatur liefe in hohem Tempo wild durch trockene Halbwüstenlandschaften (wo sie eigentlich ja auch hingehört), erfährt: Nur 10 Prozent aller Strauße in Südafrika genießen dieses Privileg. Die Mehrheit der rund 600 000 Riesenvögel lebt aber in Aufzucht, wie in Neuseeland die Schafe, und beliefert die Schlachthöfe mit Nachschub. Das hat seit 1838 eine Geschichte. Zu Beginn des 19. und 20. Jahrhunderts waren vor allem Straußenfedern-Boas als Mode-Accessoires gefragt, und die herrlichen Federn wurden in den fernen Erdteilen zu begehrten Objekten. Dokumentiert ist, dass Südafrika damals pro Jahr 0,5 Millionen Kilogramm Federn exportierte, was wegen der Null vor dem Komma nach sehr wenig klingt, aber in

3

4

5

1 *Hübsche Straußen-Baron-Villa in der Hauptstadt der riesigen Vögel, Oudtshoorn.* – 2, 4 und 5 *Hier gibt es nicht nur die nutzbringenden Zucht-Strauße, sondern auch possierliche Erdmännchen, die in Kolonien mit bis zu 30 Individuuen leben.* – 3 *Straußenreiten ist nicht so einfach, wie es aussieht!*

Wirklichkeit eine Menge Volumen bedeutet: Die sogenannten Straußenbarone der Kleinen Karoo wurden durch Federn steinreich.

Goldrausch der Federn

Ihr Wohlstand lässt sich in Oudtshoorn heute noch bestaunen, in Form prunkvoller Villen, der sogenannten »Feder-Paläste«. Nach dem Ersten Weltkrieg hatte die zivilisierte Welt andere Sorgen und die Straußenfedermode verebbte; heute dienen die Zuchtstrauße auf den rund 200 Straußenfarmen in der Region hauptsächlich der Fleischproduktion. Das fett- und kalorienarme und beinahe cholesterinfreie Straußenfleisch kommt einem gesundheitsbewussten Essverhalten entgegen und schmeckt zudem wie ein gutes Rinderfilet. Auch Straußeneier, die übrigens so hart sind, dass man sich ohne Bedenken draufstellen kann, sind gefragt: als Souvenirkuriositäten die Schalen, in der Küche der Inhalt, wobei die bis zu 1,5 Kilogramm schweren Gelege dem ernährungsphysiologischen Gegenwert von 25 Hühnereiern entsprechen. Hinzu kommt, dass Straußenfleisch und -eier frei von Medikamenten und anderen Zusätzen sind. Eine Massenzucht der Tiere in engen Käfigen wäre undenkbar, weil der kuriose Vogel auf Stress sehr sensibel reagiert, zuweilen gar mit Herzinfarkt. Längst hat die Aufzucht der Laufvögel weltweit an Popularität gewonnen; allein in den USA und China werden hunderttausende Tiere gezüchtet und der einträgliche Wirtschaftszweig hat sich auch schon in Europa und Australien etabliert. Nicht nur das Fleisch der Strauße, sondern auch die Nebenprodukte lassen sich bestens vermarkten: Aus der Haut werden edle Taschen, Schuhe und andere Lederartikel hergestellt, die zu Pulver zermahlenen Krallen sind in Ostasien als potenzsteigerndes Mittel gefragt, die Knochen werden zu Tiermehl verarbeitet. Von einem Strauß bleibt nichts ungenutzt übrig.

Und natürlich vermarkten die Straußenfarmen auch sich selbst; im Halbstundentakt finden auf den Zuchthöfen Führungen statt. Wer mag, kann auf einem Straußenei balancieren, um zu sehen, ob es tatsächlich nicht bricht, und Straußenreiten und -rennen sind die unbestrittenen Highlights jeder Besichtigung. Am Ende öffnen die farmeigenen Souvenirshops ihre Pforten und bedienen von der Designerhandtasche bis zum beleuchteten Lampen-Ei die gesamte Produktpalette.

Die Kalahari

Dort, wo sich das zentrale Hochland zum sogenannten Bushveld oder Lowveld absenkt, weiter oben im Norden, nach Namibia und Botswana hin, beginnt die Kalahari. In den riesigen Gebieten am Rand der Northern Cape Province bedecken dicke Lagen rötlichen Sandes weite Ebenen, die im südafrikanischen Sommer vor Hitze flimmern. Das kann unangenehm werden, vor allem, wenn glühend-heiße Sandstürme über das ausgetrocknete Land ziehen. Die Kalahari-Wüste gilt als das größte zusammenhängende Sandgebiet der Welt, mehr als dreimal so groß wie Deutschland. Sie verteilt sich auf die drei aneinandergrenzenden Länder Südafrika, Botswana und Namibia. Ihre gewaltigen Sanddünen können eine Höhe von bis zu 20 Metern erreichen und beeindrucken ihre Betrachter vor allem mit extrem wechselnden Farbspielen, die zu den spektakulärsten visuellen Erlebnissen der Region zählen. Dies ist die Heimat der San-Buschmänner sowie tausender Wildtiere. Sogar die seltenen Geparden zeigen sich dann und wann, und – mit viel Glück – die besonders prachtvollen Kalahari-Löwen.

1 *Gott sei Dank ist dies nur die Karkasse eines Tausendfüßers (Myriapoda) auf den Dünenbergen der Kalahari, und keine Giftschlange.* – 2 *Letztere kann am Rande dieser Salzpfanne oder im roten Sand allerdings jederzeit auftauchen.* – 3 *Der Name Kalahari kommt von dem Setswana-Wort Kgalagadi: »kgala« bedeutet Abstand, »gadi« weit.*

2

3

1

2

Bewahrer steinzeitlicher Kultur

Die Buschmänner gelten als die eigentlichen Ureinwohner des südlichen Afrikas. Während die viehzüchtenden »Hottentotten«, die Khoikhoi, die Küstengürtel bevölkerten, lebten die San in steinzeitlicher Kultur als Sammler und Jäger im Landesinneren. Vor 3000 Jahren reichte ihr unermesslich riesiger Lebensraum vom Atlantik bis zum Indischen Ozean und vom Kap bis nach Ostafrika. Zeugnisse ihrer Geschichte finden sich in zahlreichen prähistorischen Felsmalereien, die Bilder aus ihrem Alltag zeigen, Darstellungen von Jagdszenen, Figuren, Werkzeugen und Tieren. Von der Forschung wird das Alter der Zeichnungen auf 500 bis 10 000 Jahre geschätzt. Die friedlichen Urvölker wurden zwar auch von aggressiveren Stämmen, zum Beispiel den Zulus, bedrängt, aber erst die fortschreitende Kolonialisierung verjagte sie vollends aus ihrem angestammten Lebensbereich. Zu Beginn des 20. Jahrhunderts noch vom Aussterben bedroht, finden sich die San heute ausschließlich auf dem Gebiet der Kalahari, vornehmlich auf namibischem und botswanischem Territorium. Bis zu 200 000 Buschmänner, so die Schätzungen, sind in den ersten beiden Jahrhunderten weißer Kolonisation umgekommen, 70 000 bis 100 000 soll es heute noch geben. Auf südafrikanischer Seite halten sich nur ein paar Hundert an den Parkrändern des ehemaligen südafrikanischen Gemsbok National Park (der heute zusammen mit dem botswanischen Teil den Kgalagadi Transfrontier Park bildet) auf, aus dem sie seit dessen Gründung Anfang der 1930er-Jahre weitgehend vertrieben worden sind.

Soziale Verwerfungen

»Chief of the Bushmen« David Kruiper lebt mit seiner Sippe in der Nähe von Molopo, nicht weit von seinem Stammesgebiet, das nun hinter den »Park Gates« bei Twee Rivieren liegt. Es ist zwar erst Mittag, aber ein paar seiner Buschmänner halten sich schon an Bierdosen fest. Der »Chief« erklärt, dass die meisten San im Jahr 1970 zwangsumgesiedelt wurden, ins nordöstlich gelegene Reservat »Bushmanland«. Dort gebe es zwar feste Häuser von der Regierung, eine Krankenstation mit Arzt und so weiter, aber er selber wolle mit seinen Leuten lieber in der Nähe der alten Heimat bleiben.

Die meisten der San sind kulturell massiv entwurzelt. Manche verdingen sich als Tagelöhner auf Farmen, andere produzieren Souvenirs für Touristen oder erbetteln sich ein paar Rand als Fotomotive – wobei sie für gewöhnlich eine bessere Erfolgsquote verzeichnen, wenn sich ihre Frauen den fotografierenden Touristen barbusig präsentieren … Einige Lodges bieten romantische Übernachtungsprogramme in den riesigen Dünen der Kalahari an, für welche die naturkundigen San-Männer (»Spend a night with a bushman« heißen

1 *Die San, die Buschmänner (oder wie es heute heißt, die Buschleute) von Südafrika leben in der Wildnis und von ihr – vornehmlich an den Rändern der Kalahari.* – 2 *Die Kultur der Khomani-San gilt als die älteste der Menschheit.* – 3 und 4 *Viele der Männer und Frauen verdienen Geld, indem sie sich von Touristen fotografieren lassen.* – 5 *Der traditionelle Fußschmuck schützt auch vor Schlangenbissen.*

Aktivitäten wie diese) gefragt sind. Ihren Wurzeln am nächsten und deshalb beinahe schon privilegiert verdienen sich andere ihren Lebensunterhalt mit ihren traditionellen Fähigkeiten als Fährtenleser in Game Parks und auf Safaris. Zu Apartheid-Zeiten wurde in der südafrikanischen Armee sogar ein Bushman-Bataillon geführt, was tausenden San-Familien Einkommen und sozialen Status verschaffte. Heute bleiben für viele nur noch sehr schmale Existenzränder, übermäßiger Alkoholkonsum und der damit einhergehende soziale Niedergang stellen ein großes Problem dar – nicht unähnlich dem Schicksal anderer Minderheiten wie der australischen Aborigines, der nordamerikanischen Indianer oder der Eskimos. Jahrtausende hat die Kultur dieser kleinwüchsigen Menschen, die sich in einer Sprache aus eigentümlich klingenden Schnalz- und Klicklauten verständigen, überlebt. Mit der Natur im Einklang, hatten sie weder feste Behausungen noch kannten sie Vorratshaltung oder Besitz, dafür aber über 200 Kräuter, die sie zielsicher in der kargen Wüstenvegetation aufspüren konnten. Ihr Wissen um die lebensfeindliche Umwelt machte sie stark. Inzwischen hat sich bei den San Widerstand formiert. Viele vermuten für ihre Ausgrenzungen und Umsiedlungen aus den ehemaligen Jagd- und Lebensgebieten nicht nur den Tierschutz als Grund, sondern Bodenschätze, die möglicherweise unter dem Wüstenland liegen. Menschenrechtsanwälte bemühen sich in langwierigen Verhandlungen, den San wieder zu eigenem Land zu verhelfen, was in einigen Fällen auch schon gelang.

Das Loch in der Wüste

An den Ausläufern der südlichen Kalahari lässt sich eines der größten Tierumsiedlungsprojekte bestaunen, die Afrika je gesehen hat, und auf dem Weg dorthin liegt das größte Loch der Welt. 800 Meter tief und 500 Meter breit ist der von Menschenhand gegrabene Krater. Zwischen 1871 und 1914 schafften Diamantenjäger 22,6 Tonnen Abraum hier weg, mit einer Gesamtausbeute von 14,5 Millionen Karat! »The Big Hole« machte die Diamantenmetropole Kimberley sehr reich, wenngleich die Umstände für die schuftenden Minenarbeiter alles andere als rosig waren: Es herrschte Wassermangel, und Kanalisation blieb für die rund 50 000 Glücksritter in ihren Hütten und Zelten ein Fremdwort. Aber es gab schon eine richtige Straßenbahn, die heute immer noch fährt, sowie elektrisches Licht, während Johannesburg gerade erst gegründet wurde. Kimberleys Wohlstand ist heute noch an seinen stattlichen Villen abzulesen, in denen einst die Diamanten-Barone residierten. Cecil Rhodes kaufte um 1888 eifrig Claims auf, bis beinahe alles in der Hand seiner Minengesellschaft De Beers war. Aber nicht nur Diamanten waren das große Geschäft der Region, auch Kupfer, Eisen, Asbest, Magnesium und andere wertvolle Rohstoffe wurden in unvorstellbaren Mengen an die Oberfläche befördert.

Heute bietet die Stadt neben ihrem »Big Hole« interessante Ausstellungen, vor allem über die gesamte Bergwerksthematik (Kimberley Mine Museum), sowie Diamanten in allen Variationen (De Beers Hall), bemerkenswerte Büchersammlungen (African Library) und erlesene Kunstschätze in Galerien. Und das Oppenheimer House natürlich, ohne dessen Besuch ein Aufenthalt in der Diamantenstadt nicht denkbar wäre. Es wurde von Ernest Oppenheimer, der aus Friedberg in Hessen stammte und als erster Bürgermeister die Geschicke Kimberleys lenkte, in der Lodge Road Nr. 7 in Auftrag gegeben. 1929 übernahm Papa Oppenheimer die Leitung von De Beers, Sohn Harry folgte

1 *Erinnerungen an Südafrikas Diamantenstadt von einst, Kimberley. In dem Laden kann man heute noch nacherleben, wie es Ende des 19. Jahrhunderts hier aussah.*
2 *»The Big Hole«, das größte von Menschenhand gegrabene Loch der Welt.* – 3 *Rosafarbene Flamingos, soweit das Auge reicht, bekommt man in Kamfers Dam zu sehen.*

2

1

2

ihm nach und wurde zu einer der großen Figuren im südafrikanischen Diamantenkartell.

Renaturierung: neue alte Wildnis

Inzwischen führt eine Spur der Oppenheimer-Familie auch nach Hotazel, am Rande der Kalahari. Dort taucht nach einer Fahrt auf sandiger Piste Tswalu auf, eines der wagemutigsten Experimente hinsichtlich der Zukunft der afrikanischen Wildtiere, das ausgerechnet der Fantasie eines Großwildjägers entsprang. Der britische Multimillionär Stephen Boler hatte sich zum fanatischen Tierschützer gewandelt, als er merkte, dass seine geliebten Nashörner in Afrika immer weniger wurden und schon vom Aussterben bedroht waren. Also begann er, entlegene Farmgebiete an den Ausläufern der Kalahari aufzukaufen, bis er eine riesige Fläche zusammenhatte. 28 Farmhäuser wurden abgetragen, 982 Kilometer Zäune eingerissen, 2300 Strommasten, 38 Wasserbehälter aus Beton, 200 Kilometer Straßen und 10 000 Stück Vieh mussten dem Renaturierungskonzept weichen. Bolers Traum, die Wildnis wieder auferstehen zu lassen und das Land den wilden Tieren zurückzugeben, war der Verwirklichung nahe. Für rund 7 Millionen Dollar kaufte Boler 1100 Springböcke, 1100 Gnus, 420 Kudus, 650 Oryx- und Elandantilopen, 250 Zebras und tausende weitere große Wildtiere. Seine sieben Löwen entwickelten schnell eine Vorliebe für die Zebras und die seltenen Antilopen, die mit 10 000 Dollar pro Tier zu einer kostenträchtigen Löwen-Delikatesse wurden. Die Krönung des Großeinkaufs waren acht Spitzmaulnashörner (zu einem Gesamtpreis von 560 000 Dollar), von denen es weltweit nur noch ein paar hundert gibt.

Derartig exotische Einkäufe lassen sich ganz regulär tätigen im »Supermarkt der Tiere«, den Game Auctions, die im Kruger National Park, in Kuruman, in Natal, in Namibia oder auch in Botswana abgehalten werden. Wenn Andrew, der Ranger, mit dem Flugzeug über Tswalu schwebt, ist das für ihn immer wieder ein besonderes Erlebnis: die endlose Weite der Kalahari von oben, die pittoresken Ketten der Korannaberge ringsum und dazwischen eine faszinierende Tierwelt in Bewegung. In Wirklichkeit steht hinter der Romantik solcher Momente die nüchterne Aufbereitung von Bestandslisten für anstehende Verkäufe. Überzählige Tiere, die das fragile Ökosystem nicht trägt, werden für die Großwildjagd freigegeben oder von professionellen Capture Teams eingefangen und dann veräußert. Um festzustellen, wann die biologische Balance zu kippen beginnt, haben Reservate über Jahrzehnte hinweg ihre eigene Wissenschaft entwickelt. Mithilfe mühsamer Feldforschung wird die Botanik eines Gebiets bis ins Kleinste analysiert, um dann deren Tragfähigkeit mit dem Energiebedarf pro Kilogramm und Tiereinheit abzugleichen. Bei durchschnittlichen Regenfällen erwirtschaftet Tswalu jährlich einen Überschuss von 15 Prozent, was sich in hunderttausenden Dollar auf der Einnahmeseite niederschlägt. Auch kontrollierte Abschüsse zur gezielten Dezimierung des Tierbestandes bringen Geld in die Kasse: Ein Büffel etwa schlägt mit bis zu 20 000 Dollar zu Buche.

Biologisches Gleichgewicht und Ökonomie

Wenn der Ranger im Cockpit seine Runden dreht, werden auch Löwen, Hyänen, Giraffen, Geparden und Nashörner gelistet, um sicherzugehen, dass keine der Preziosen ausgebrochen ist. In der Regel verhindern dies 586 Kilometer Zäune mit bis

1 *Der »Song der Kalahari« erklingt immer dann, wenn die erbarmungslose Sonne versinkt und die brütendheiße Landschaft zu romantischen Bildern verwandelt.* – 2 *Strauße in der Karoo beim Grasen. Sie ernähren sich vorwiegend von Pflanzen.* – 3 *Gnus in der Kalahari. Männchen und Weibchen bilden gewöhnlich getrennte Herden.*

1

2

3

zu 9500 Volt Spannung. Nur die Leoparden ließen sich von der aufwendigen Elektrik nicht beeindrucken, bemerkt Andrew, und wuselten sich trotzdem manchmal durch.

Mit seinem Experiment hat Boler für den Arterhalt der Wildtiere neue Maßstäbe gesetzt, stets nach der Maxime, dass Mehrwert nur durch Investitionen machbar ist, womit der zusätzlich zu schaffende Lebensraum für die Tierwelt gemeint ist. Renditen steuern Kapitalströme, selbst in der Wüste. Das Tswalu-Reservat finanziert sich anteilig aus den Erlösen, die mit Fotosafaris, Ökotourismus und Jagdgästen erzielt werden, sowie aus einträglichen Tierverkäufen aus Zucht und Überschüssen. Es stellt Hunderte von Arbeitsplätzen und verhilft bedrohten Arten zur Fortpflanzung unter menschlichem Schutz. Zweiflern, denen Elektrozäune, künstliche Wasserstellen, tierärztliche Betreuung und Hubschraubereinsätze ein flaues Gefühl bereiten, pflegte der unermüdliche Motor der Tswalu-Arche mit auf den Weg zu geben, dass ohne ökonomischen Input ökologischer Output nicht möglich ist. Und auf Tswalu – da hatte er recht – gab es lange keine wilden Tiere mehr, heute tummeln sich hier über 12 000 Exemplare. Sie werden jetzt sogar auf Tswalu gezüchtet und in alle Teile Afrikas exportiert, dorthin, wo begehrte Spezies längst ausgerottet sind.

Etwas abseits von Tswalus Luxus-Lodge liegt Bolers Privatdomizil, dem der Hausherr auf tragische Weise abhanden kam. Als sein Flugzeug im Oktober 1998 auf der 1500 Meter langen Landebahn ausrollte, sollte dies die letzte Landung in seinem geliebten Tierparadies gewesen sein: Mit 55 Jahren ereilte Boler im Zentrum seines Lebenswerks ein Herzinfarkt.

Bolers Vermächtnis an die afrikanische Wildnis hat mit Nicky Oppenheimer eine der reichsten Familien in ganz Südafrika übernommen. So war es vorher schon abgemacht, denn einen besseren Garanten für sein Projekt hätte Boler nicht finden können.

Gemeinsamer Kalahari-Park

Bis zum Gate des Kgalagadi Transfrontier Park, des ersten »Parks ohne Grenzen« im südlichen Afrika, ist es von Tswalu aus nicht weit. Große Raubkatzen, steinzeitliche Buschleute, sandrote Dünenfelder und säbelgehörnte Antilopen beleben die flirrende Hitze. Am Abend blutet die Wüste in exklusiven Rotfarben, während die Sonne langsam versinkt.

Als Schattenrisse tauchen Büsche und Bäume aus dem zunehmenden Pastelllicht auf. Webervögel schwirren wie verrückt um ihre riesigen, klobigen Nester herum, die dunkel im Gegenlicht von ihren Wirtsbäumen hängen. Eiseskälte breitet sich schnell aus. »The Song of the Kalahari« nennen die Park-Ranger dieses beinahe außerirdische Drama, das sich allabendlich wiederholt.

Das biologische Gleichgewicht zu finden, ist eine fragile Unternehmung, wenn – 1 *Webervögel, …* – 2 *Sekretär, …* – 3 *Schakal, …* – 4 *Springböcke, …* – 5 *Oryx und* – 6 *Gnus nicht allein von Götterhand gelenkt sind, wie das in vielen National Parks der Fall ist.*

4

5

6

1

2

»Ervaar die Wonderwereld van die Kalahari«, lesen Neuankömmlinge über die »dorstige Woestyn«, wenn sie sich in einem der drei Camps Mata Mata, Nossop und Twee Rivieren auf südafrikanischer Seite anmelden, um im eigenen Wagen auf Safari zu gehen, »plante, diere, voëls en insekte perfek aangepas in'n unieke eko-sisteem.« Auch überlebenswichtige Verhaltensregeln sind für die Wildnisbesucher gelistet: Wer hier unvorsichtigerweise aussteigt und sich fototechnisch zwischen einer Puffotter und einem Kalahari-Löwen nicht schnell genug entscheidet, hat die Anpassung ans Ökosystem versäumt. Besucher der Kalahari, die über rötlich glühende Sandberge und fotogene San-Frauen hinaus schnell Spektakuläres erwarten, könnten allerdings enttäuscht werden. Eine monotone, vertrocknete Landschaft brütet in großer Hitze erstarrt vor sich hin, es sei denn, ein paar Springböcke oder Antilopen hüpfen, vom Motorenlärm aufgeschreckt, von der Fahrpiste. Entlang der beiden Trockenflüsse Auob und Nossob, die so gut wie nie »flüssig« sind, bieten Wasserbohrlöcher mit sinnfälligen Bezeichnungen wie Lekkerwater und Dankbaar eine Chance, Tiere aus der Nähe zu sehen; Strauße, Sekretärsvögel und Braunadler lassen sich blicken, aber von Geparden und Löwen findet sich in der Hitze des Tages meist keine Spur. Diesen begegnet man des Nachts, wenn außerdem Weißgesicht-Ohreulen, Schleier- und Zwergohreulen sowie Perlkauze auf die Jagd gehen.

Labsal am Wüstenrand

Nur wenige Fahrstunden südlich der trockenen Kalahari gibt es Wasser satt: Die Augrabies Falls lassen den Oranje-Fluss mit 50 000 Kubikmetern pro Sekunde 56 Meter in die Tiefe stürzen. Bei der Hochwasserflut 1988 drückte der Oranje sogar unvorstellbare 7,8 Millionen Kubikmeter pro Sekunde durch die Schluchten – eine Traumvorstellung angesichts der kargen Wüstenlandschaften des Nordens! Die Fälle zählen zu den sechs größten der Welt neben Giganten wie Niagara und Victoria Falls; in mehreren Kaskaden rauschen die Wassermassen insgesamt 190 Meter abwärts, wobei die Sprache der Buschmänner die Augrabies Falls treffend als »Ort des großen Lärms« beschreibt. Atemberaubende Wildwasserfahrten durch die kilometerlangen Canyons des Oranje lockte sogar schon die »Camel White Water Trophy« an diesen tosenden Wasserspielplatz.

Außer seinen donnernden Fällen hat der Augrabies Falls National Park die mondähnliche Steinlandschaft seines Moon Rock zu bieten, dessen wildzerklüftete, bizarre Felsformationen aus rötlichem Gneis und schwarzem Granit scharenweise Besucher anlocken. Extrem hohe Temperaturunterschiede – die Oberfläche des Mondfelsens erhitzt sich im Sommer schnell auf bis zu 70 °Celsius – haben zu Verwitterung und diese wiederum zu diesen skurrilen Gebilden geführt.

Lebensqualität am Oranje

Gleich nebenan warten nach all der rauen Wildnis zivilisatorische Annehmlichkeiten der gediegenen Art: Das 1871 als Missionsstation gegründete Provinzhauptstädtchen Upington konnte sich an den fruchtbaren Flusslandschaften des Oranje durch ausgedehnten Anbau von Wein (und damit verbundenen Traubenexport) sowie von Obst, Getreide, Datteln und Baumwolle ausreichenden Wohlstand erwirtschaften. Während draußen am Horizont die ausgedörrten Wüsten in bulliger Hitze flirren, sorgen Upingtons Bewässerungssysteme für paradiesische Kontraste. Das schönste Ambiente bietet das Oranje-Nordufer, an dem sich exquisite Country-

1 *Die Region um den Augrabies Nationalpark ist geprägt von vielen Hochplateaus.* – 2 *Der wildeste Wasserfall in der Gegend ist der Augrabies Fall. Auf bis zu 150 Metern Breite stürzt er 56 Meter in die Tiefe.* – 3 *Dank der großen Hitze und des verhältnismäßig vielen Wassers bietet die Region viele Naturschauspiele.*

Home-Gästehäuser mit feinem, antiquitätenlastigem Interieur in liebevoll restaurierten Villen im georgianischen Stil etabliert haben. Überbordende Gärten erstrecken sich bis an den großen Fluss heran, der seine naturbelassene Wasserwelt wie auf der Filmleinwand vorführt.

Und abends am kuscheligen Kaminfeuer fühlt man sich hier wirklich wie Tania Blixen. Auf jeden Fall mittendrin, in »Out of Africa«.

Namaqualand und Zederberge

Die knapp 900 Kilometer von Upington über Springbok nach Kapstadt lassen sich notfalls an einem einzigen Tag bewältigen. Die halbwüstenartige Landschaft ist karg, im Sommer hitzeflimmernd, und dennoch für Individualisten magnetisch – hier, im Namaqualand, einer der am dünnsten besiedelten Regionen in Südafrika, lässt sich ein Fahrabenteuer durch endlose Weiten verwirklichen ohne größere Vorbereitungen oder Vierradantrieb.

Springbok, Hauptstadt des Namaqualands, entstand Mitte des 19. Jahrhunderts am Rand einer riesigen Kupfermine und ist heute die Metropole der nördlichen Wildblumengebiete. Einmal im Jahr (meist zwischen August und Oktober) erwacht die graubraune Einöde, wenn es genügend Winterregen gibt, und ein bunter Blumenteppich schießt explosionsartig aus dem vertrockneten Erdboden.

An die 400 Pflanzenarten, sowohl ein- als auch mehrjährige, darunter Gänseblümchen, Aloen, Schwertlilien und Amaryllis, sind an dieser Farborgie beteiligt.

Mit etwas Glück ist im nahe gelegenen Geogap Nature Reserve nicht nur diese wundersam blühende Halbwüstenvegetation zu sehen, sondern man bekommt auch Antilopen, Bergzebras und seltene Vögel zu Gesicht. Eine Fahrt auf der Panoramastraße zwischen Springbok und dem 75 Kilometer südlich gelegenen Kamieskroon – das hiesige kuriose »Kamieskroon Hotel« ist der Treffpunkt für Fotografen und Blumenfans – verwandelt sich während der Blütezeit in einen märchenhaften Blumentraum.

Durch die Heimat von Ceres

Die Rückfahrt nach Kapstadt sollte bei Citrusdal in jedem Fall erst einmal enden, denn dort könnten sich die beeindruckenden Gegensätze zum vorher Erlebten nicht intensiver darstellen: Sprudelnde Wasserfälle, saubere Bergflüsse, leuchtende Berghänge und glasklare Luft gestalten ein wahres Eldorado für Naturfreunde, Wanderer und Weinliebhaber, die rund um die Cederberg Wilderness Area weitläufige Südfruchtplantagen besichtigen können. Ein Drittel aller Kap-Orangen kommen aus der Region von Ceres, dem Hauptort der Gemeinde Witzenberg, der seine Namensanleihe von der römischen Göttin des Ackerbaus gleich durchgereicht hat an die bekannte südafrikanische Fruchtsaft-Company »Ceres«, deren Tetrapaks nicht mehr von hier wegzudenken sind.

Vor der letzten Etappe zum Kap kann man noch auf der Weinroute entlang des Olifants River vergorenen Rebsaft verkosten und die wilde Natur der Cederberg Wilderness Area genießen, deren Höhepunkt der 2028 Meter hohe Sneeuberg ist. Leider sind die prachtvollen Clanwilliam-Zedern, die dem Naturschutzgebiet einstmals seinen Namen gaben, nur noch in geringen Restbeständen vorhanden.

Atlantische Badefreuden sind eher selten zu erleben, denn ähnlich wie an den namibischen Stränden ist aufgrund des eisigen Benguela-Stroms das Wasser viel zu frisch.

1 *Felsmalereien der Buschmänner in den Zederbergen.* – 2 und 3 *Die Cederberg Wilderness Area des Westkaps zeichnet eine Menge Kontraste: Liebliche Wasserläufe schlängeln sich an wildwuchernder Vegetation entlang.*

2

3

1

2

3

1 *In den wildzerklüfteten Zederbergen …* – 2 *lassen sich traumhafte Wanderungen machen.* – 3 und 4 *Das Leben in den Zederbergen am Westkap wird in zahlreichen Zeichnungen der Busch-leute dargestellt, die dort früher in karger Landschaft ein Auskommen fanden.* – 5 *Der Esel gehört nicht zur endemischen Tierwelt.*

4

5

Johannesburgs Schatzkiste

Der Busfahrer, der mitten im Zentrum mit geöffneten Türen auf einem Parkstreifen hält, um auf das Zusteigen des Johannesburger Stadtführers zu warten, wird seine ausländischen Fahrgäste keinen Meter auf den Bürgersteig hinauslassen. Noch nicht einmal für ein kurzes Foto, wenngleich das Leben ringsum pulsiert und Menschen aller Hautfarben und Rassen vollkommen unbehelligt bleiben? »Das sieht doch hier jeder«, lacht der Mann hinter dem Steuer und lässt dabei seine weißen Zahnreihen blitzen, »dass ihr Touristen aus Übersee seid!« Im Allgemeinen wollen Besucher sowieso nur im Schnelldurchgang Soweto ab- und in eine Show-Goldmine einfahren, danach vielleicht noch das außerirdische »Sun City«, das afrikanische Las Vegas, besuchen, und dann nichts wie ab in den Kruger National Park.

Der Blyde River Canyon aus der Vogelperspektive – das Naturwunder liegt an der Panoramaroute der nördlichen Drakensberge.

The City of Gold

Johannesburg – Pretoria – Sun City – Waterberg Mountains – Kruger National Park

Ob Nachtleben, lebendige Musikszene (Jazz im »Bassline Jazz Club«, Rhythm and Blues im »Blues Room«), Kunst und Galerien, Shopping, Kneipen oder Gourmet-Restaurants – alles scheint Jo'burg im Überfluss zu haben. Jede Menge edle Einkaufsstraßen in den Malls konkurrieren mit den bunten afrikanischen Märkten, die sich downtown auf den Plätzen und Trottoirs ausbreiten.

Eine Portion des typisch afrikanischen Pap (Maisbreis) im Stehen, eine Schale Muschelsuppe mit frittiertem Seetang, oder doch lieber ein fürstliches Dinner in einem der feinen Restaurants, deren Reservierungsnummern in den besseren, videoüberwachten Wohngegenden neben dem Telefon aufgespickt sind?

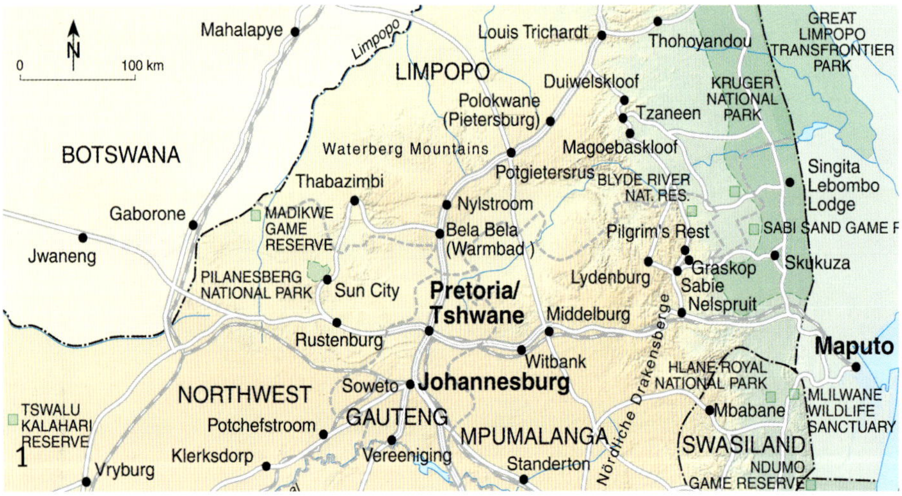

»The Royal Johannesburg and Kensington Golf Club« etwa gehört ebenso zum Image der Stadt wie die Ghettos der Townships, die Jo'burg auch im Überfluss hat. Und so stellt sich Besuchern mit wenig Zeit durchaus die Frage, ob sie nun eher Soweto buchen oder das Planetarium auf dem Campus der University of the Witwatersrand bestaunen möchten.

City of Gold

Interessant ist ein kurzer Blick ins Jo'burger Geschichtsbuch: 1904 gab es die Stadtrechte, ein Jahr später zählte man im ehemaligen Goldgräbernest, das seit 1886 im Goldrausch fieberte, schon 150 000 weiße Einwohner und doppelt so viele schwarze. Der gehörige Zuzug innerhalb weniger Jahre muss schreckliche Verhältnisse hervorgebracht haben, wobei individuelle Glücksritter, die ihre Zelte und provisorischen Hütten in der Savanne aufgestellt hatten, noch am besten dran waren. Die meisten der Nicht-Weißen kamen als Kontraktarbeiter in die Minen nahe der Stadt und lebten unter erbärmlichen Umständen in Elendsquartieren. Viele von ihnen wurden zur Arbeit in den Bergwerken gezwungen. Zwei Regierungsangestellte, die Pretoria ins chaotische Gold-Eldorado schickte, um für Ordnung zu sorgen, hießen beide zufällig Johannes. Mächtige Minengesellschaften entstanden, die das goldhaltige »Reef« gewinnbringend ausbeuteten. Längst war der große Goldrausch vorbei, doch das Geld blieb: Schnell avancierte die aufstrebende Stadt mit dem ausgezeichneten Klima auf 1752 Metern zur Handels- und Finanzmetropole Südafrikas, und, nach dem Fall der Apartheid, als Schmelztiegel aller Rassen und Hautfarben zur Hochburg einer neuen südafrikanischen Identität. Das aus Hunderten Stadtvierteln, Suburbs und Townships zusammengesetzte urbane Netzwerk ist mit seinen Hochhauspalästen längst zur Weltstadt gewachsen, die allerdings aufgrund ihrer Kriminalstatistik auch den schlechtesten Ruf weltweit hat. Aus der alten Zeit ist gar nicht so wenig

1 *Selbst die Kulturhauptstadt Johannesburg fällt beim ersten Blick nur mit ganz gewöhnlichen Mega-City-Fassaden ins Auge.* – 2 *Traditionelles und Handwerkliches bieten zahllose kleine Läden hier feil.*

1

2

1

2

geblieben, und es gibt sie noch, die kolonialen Zeugen in Stein: die National Bank (1890) und die City Hall (1910) in der Market Street, die alte Post (1897) in der Rissik Street, die Public Library (1935) in der Simmonds Street, das Victoria House, das Cuthberts Building, den Supreme Court und das Market Building.
Aber beim besten Willen ist dabei nicht mehr an Ochsengespanne und Goldschürfer zu denken, weil die Kontraste der Stadt zunehmend an Schärfe gewinnen. Höchstens an George Harrison (nicht verwandt mit dem Musiker), der Johannesburgs Gold-Boom auslöste, weil er seine stark goldhaltige Erzader voreilig für ein paar Pfund Sterling verkaufte, bevor er spurlos verschwand. Wahrscheinlich fiel er einem Löwen zum Opfer – das traurige Schicksal eines Abenteurers, der im großen Gold-Poker nicht hart genug war und deshalb alles verlor. Immer noch reicht unter der Stadt die Western Deep Levels Mine über 3000 Meter tief in den Untergrund, und nicht weit von den modernen Spiegelfassaden der schnelllebigen City türmen sich Milliarden Tonnen von Abraum auf.

Sister-City Pretoria

Die Dimensionen des ehemaligen Goldgräberlagers, das binnen 100 Jahren zur reichsten Stadt Afrikas wurde, lassen sich für eilige Besucher nur oberflächlich erfassen, und zwar am besten visuell, vom Aussichtsdeck »Top of Africa« im 50. Stockwerk des Carlton Centre. Von dort ließe sich bei guter Sicht sogar auf das nur 50 Kilometer entfernte Pretoria schauen, den Sitz der südafrikanischen Regierung. Die Hauptstadtperle lebt vom Flair einer immer noch konservativen Beamten-Administration, wenngleich ihr eine Reihe von Universitäten wenigstens ein wenig Schwung verleihen. Da die »halbe Hauptstadt« (das südafrikanische Parlament tagt nach wie vor in Kapstadt) auch mal eine ganze war, nämlich die des ehemaligen Burenstaates »Suid-Afrikaanse Republiek«, hat sich die koloniale Handschrift der »Voortrekker« in der Metropole erhalten. Mittendrin steht er, Pretorias Ohm Kruger, der Vater der ehemaligen Buren-Nation und der Begründer des gleichnamigen Parks, als wuchtige Sockelstatue auf dem Church Square, dem Herzstück der auf dem Reißbrett geplanten Stadt. Gleich dahinter liegt der »Oude Raadsaal« (1891), das Parlament der ehemaligen Burenrepublik, sowie der Justizpalast, dem Nelson Mandela seine Jahre auf Robben Island verdankt. Das monumentale Sandsteingebäude der Unions Buildings, das als Regierungssitz dient, ist mit seinen imposanten Kuppeltürmen zwar erst 1913 fertiggestellt worden, zählt aber zu den baulichen Preziosen der Stadt; drinnen verlas Nelson Mandela 1994 seine Antrittsrede als erster schwarzer Präsident der Republik Südafrika. Als architektonische Perle krönt das »Melrose House«, 1866 in feinem viktorianischen Stil errich-

3

4

5

1 *Garden City und die Union Buildings liegen im Zentrum Pretorias.* – 2 *Der Blick von diesen Gebäuden auf die Skyline vermittelt etwas vom Flair der Hauptstadt.* – 3 *Das Voortrekker Monument (1938) ist ein Symbol des blutigen Siegs von 470 Buren (am 16.12.1839) über die Zulu.* – 4 *Der Nelson Mandela Square erinnert an die Vereidigung des ersten schwarzen Präsidenten von Südafrika.* – 5 *Italienisches Flair im Kasino in Johannesburg.*

tet, Pretorias koloniales Erbe. Prachtvolle Marmorsäulen, kunstvolle Bleiglasfenster und kostbare Mosaikböden machen das historische Gebäude zu einem der schönsten der Hauptstadt. Wer bombastische Historiendenkmäler mag, sollte unbedingt zum Voortrekker Monument hinausfahren, dessen Umfriedungsmauer ein in Beton gemeißeltes Relief aus 60 Ochsenkarren zeigt, das an die Schlacht am Blood River (1838) erinnert.

Fantastische Wirklichkeit

Neben den architektonischen Perlen aus der Ära des Buren-Staates »Suid-Afrikaanse Republiek« und den großzügig angelegten Jacaranda-Alleen haben die Hauptstädter ebenso wie die Jo'burger eine Menge attraktiver Urlaubsziele vor der Nase. Nur wenige Stunden von Johannesburg und Pretoria entfernt taucht erst einmal der größte Vergnügungspark auf, der jemals aus afrikanischem Wüstenboden gewachsen ist: »Sun City«. 1977 wurde das südafrikanische Las Vegas in die Savannenlandschaft des ehemaligen Homelands Bophuthatswana gestampft, und seither pilgern täglich Tausende in dieses achte Weltwunder, um funkelnde Luxushotels, glitzernde Kasinos und schrille Diskotheken zu erleben. Das Spaß-Eldorado bietet außerdem Kinos, Arenen für Pop-, Rock- und Sportveranstaltungen, Golfplätze, Extremsportarten, kurz: Abenteuer aller Art. Wer zwischen Black Jack und Roulette Wildtiere besichtigen will, kann dies im benachbarten Pilanesberg National Park gleich mit erledigen: Im Krater eines erloschenen Vulkans findet sich das komplette Sortiment der »Big Five« zwischen wild wuchernder Vegetation an den Steilhängen und in den Schluchten. Wer die Fünf abgehakt hat, kann getrost wieder ins Sündenbabel zurück. Im Jahr 1992 ließ der Wüstenschloss-Erfinder Sol Kerzner, einer der reichsten Unternehmer des Landes, seine tempelartige »Lost City« errichten, die an den Mythos eines versunkenen afrikanischen Reiches anknüpft, und hat damit – Disney World lässt grüßen – die perfekte Illusion inszeniert. Die Krönung für Kerzners Vergnügungsvision wurde das Luxushotel »The Palace«, gelegen inmitten eines künstlichen Regenwalds an einem herrlichen Sandstrand, von Wellen umspült, die es eigentlich gar nicht gibt.

Fünf-Sterne-Panorama vor der Haustür

Ein weiteres nahegelegenes Ziel für Jo'burger und Hauptstädter sind die Waterberg Mountains. Die 150 Kilometer lange Gebirgskette erscheint mit ihren zerklüfteten Gipfeln aus der Ferne noch ganz sanft, doch beim Näherkommen mutiert sie zu schroffen Felswänden und Auftürmungen von über 2000 Metern. Auf dem Weg dorthin kann man Fotos in Heilbron und Frankfort schießen oder in die heißen Thermalquellen von Warmbad steigen, die bei Gicht und Rheuma helfen sollen. Jenseits der Waterberge folgt das private Naturschutzgebiet Lapalala Wilderness Area, wo eine Menge Breit- und Spitzmaulnashörner, Büffel und Giraffen die Savanne unsicher machen.
Liebhaber großartiger Ausblicke kommen (natürlich) auf der Panorama Route auf ihre Kosten. Diese führt durch eine der schönsten Landschaften, die so ganz anders wirkt, aber eben auch »made in South Africa« ist. Vom anheimelnd hübschen Forststädtchen Sabie geht es durch dichte Kiefer- und Blue-Gum-Wälder bis zum 2115 Meter hohen Mauchsberg. Irgendwo hier entspringt der Sabie River, der im benachbarten Kruger Park hunderttausenden Wildtieren als Tränke dient. Am Steilabfall der Transvaaler Drakens-

1 *Traumblick vom Aussichtspunkt »World's End«.* – 2 *Der Blyde River Canyon nahe des historischen Goldgräberstädtchens Pilgrim's Rest.* – 3 *Die Goldvorkommen rund um den pitoresken Ort waren die ergiebigsten im Süden Afrikas.*

2

GARAGE
PEGASUS
MOTOR SPIRIT
ZENITH
MOTOR
SPIRIT
TEXACO
TEXACO
MOTOR
LUBRICANTS
SHELL
MOTOR SPIRIT
FIT
GOOD RICH
TYRES TUBES
C.H. CHAITOW
RESTAURANT
&
VICTORIAN PUB
HAIRDRESSER

3

1

2

berge entlang windet sich eine Strecke, deren Stationsnamen schon Lust machen: Die Mac Mac Falls schicken rauschende Wasserkaskaden 70 Meter in die Tiefe und werden beim lautstarken Spektakel nicht nur von den Lisbon und Berlin Falls unterstützt, zwischen Sabie und dem malerischen Ort Graskop am Kowyn's Pass bilden insgesamt acht Fälle unüberhörbar die »Wasserfall-Route«.

Die Tropfsteinhöhlen Echo Caves vor Pilgrim's Rest, der ältesten Goldgräbersiedlung Südafrikas, zeigen Felsmalereien der San. Mittendrin öffnen sich das »God's Window« und unglaubliche Ausblicke vom Rand des 1900 Meter hohen Plateaus in die endlosen Weiten tief unten. Ganz nebenbei darf sich in dieser grandiosen Landschaft auch der südafrikanische Straßenbau eine Portion Bewunderung abholen! In den Strudeln des Blyde River, der kilometerweit durch die sandsteinroten Schluchten seines Canyons rauscht und dabei 1000 Meter abfällt, mag zu Goldgräberzeiten mancher Desperado sein Glück in Form blitzender Nuggets gemacht haben, aber davon ist nur wenig überliefert. Und so stehen Besucher manchmal stumm und ergriffen vor den Gräbern des historischen Friedhofs in Pilgrim's Rest und studieren die wenigen Inschriften, die zu entziffern sind. Noch ein Tipp für Romantiker: Das Blyde River Canyon Nature Reserve ist in fünf Tagen zu durchwandern, übernachten kann man unterwegs in rustikalen Hütten, vor denen am Lagerfeuer die alten Zeiten der Pioniere und des Goldrauschs wiederbelebt werden …

Farbenpracht: Ndebele

Die Provinz Mpumalanga zeigt gerne ihre Frauen, genauer gesagt die des Stammes der Ndebele. Die Damen gelten als außerordentlich kunstfertig und schmücken sich mit bunten Trachten. Allerdings sind sie immer seltener in ihren angestammten Lebensräumen anzutreffen, sodass es sich für Besucher empfiehlt, eines der Ndebele-Museumsdörfer zu besuchen, etwa Kgodwana bei Pretoria oder Botshabelo bei Middelburg. Die Ndebele konnten sich trotz der Dominanz der weißen Besiedlung und der kriegerischen Zulus über Jahrhunderte hinweg eine eigene Identität bewahren, die sich in der besonderen Bauweise ihrer Hütten, der Farbenpracht ihrer Kleidung und dem Schmuck ihrer Frauen ausdrückt. Geometrisch angelegte Wandmalereien tragen sie kunstfertig mit den Fingern auf, ihre Perlenstickereien werden bewundert und kaum eine Reisebroschüre kommt ohne ihre fotogenen Motive aus – ganz besonders nicht, seitdem die Ndebele-Künstlerin Esther Mahlangu eine bayerische Limousine bemalte, die heute im Münchner BMW-Museum steht.

Markstein des afrikanischen Tierschutzes

Bei der Vielschichtigkeit der im Rampenlicht stehenden Probleme Südafrikas treten die des Tierschutzes häufig in den

1 *Die Missionstation in Botshabele in der Provinz Limpopo.* – 2 *Ndebele-Frauen präsentieren stolz ihre Kunst.* – 3 bis 5 *Sie tragen reich verzierte Trachten. Ursprünglich wanderten die Ndebele vermutlich aus dem Natal-Gebiet ein.*

Hintergrund. Aber was wäre dieses Land ohne seine wilden Tiere? Ohne dieses kostbare Erbstück der Evolutionsgeschichte, für das Südafrika 19 Nationalparks sowie zahllose Naturparks, Wildreservate und andere Schutzgebiete bereit hält auf einer Gesamtfläche, so groß wie das Bundesland Bayern? Der frische Wind eines neuen Verständnisses von Tierschutz heißt Wirtschaftlichkeit und bedeutet, dass die staatlichen Parks finanziell auf eigenen Beinen stehen müssen. Aber wie? Wer glaubt, die »Arche Noah Kruger Park« sei ein Garten Eden, der sich auf

paradiesische Weise selbst erhält, irrt. Mit einer Längsausdehnung von 320 Kilometern und einer Fläche, die der von Rheinland-Pfalz entspricht, bedarf sein Unterhalt gewaltiger Anstrengungen! Im Park sind Dutzende Camps instandzuhalten, zudem tausende Kilometer an stattlichen Zäunen (Kudu-Antilopen können eine Höhe von 2,5 Metern überspringen), 2500 Kilometer Straßen und Pisten, Verwaltungsgebäude innerhalb und außerhalb des Parks, außerdem gibt es eine ziemlich große Belegschaft, die monatlich bezahlt werden will. Die Zahl der Tiere, die der Kruger Park auf seinem Gebiet beherbergt, ist gewaltig. Konkrete Zahlenbeispiele helfen der Fantasie: 114 Arten von Reptilien und 147 Säugetierarten, genauer 3000 Flusspferde, 30 000 Zebras, 15 000 Büffel, 90 000 Impala-Antilopen, 5000 Giraffen, 900 Leoparden und 300 Geparde. Vögel zählt niemand ganz genau, sie kommen aber auf etwa 500 Arten, darunter auch die skurrilen »Ausputzer«, die Geier: Gaukler sowie Ohren-, Wollkopf-, Weißrücken- und Kappengeier sorgen dafür, dass von dem, was die Raubtiere liegen lassen, nichts ungenutzt bleibt.

Herkulesaufgabe Tierschutz-Management

Schon allein die 8000 Elefanten, 1500 Löwen und die ganz besonders kostbaren Nashörner erfordern eine aufwendige Überwachung, und zwar auf dem Boden ebenso wie aus der Luft, damit das fragile ökologische Gleichgewicht keinen Schaden nimmt und damit die Ökonomie stimmt. Abschüsse sind notwendig, weil bestimmte Tierpopulationen zu groß werden und die Balance anfängt zu kippen. Am Beispiel der Elefanten lässt sich verdeutlichen, in welchem Ausmaß sich die Dickhäuter erholt und vermehrt haben und den Kruger Park langsam, aber sicher leer fressen: Zusammen rupfen sie pro Tag an die 2500 Tonnen Grünzeug von den kargen Büschen und Bäumen. Ohne Culling, das Regulieren von Populationen durch gezielte Abschüsse, oder Verkäufe und Umsiedlungen kommt moderner Tierschutz, der sich selbst finanzieren muss, nicht aus.

Wenn Naturschützer sich darüber empören wollen, müssen sie bezahlbare Alternativen anbieten. Umsiedlungsaktionen sind dabei sicher die wünschenswerteste Lösung, aber auch die teuerste. Was staatlicher Tierschutz zum Wohle der Tiere vor allem braucht, sind gefüllte Kassen. Und Abschussgenehmigungen für gut zahlende Großwildjäger, die nach wie vor aus allen Erdteilen einfliegen, bringen Geld, genau wie Tierverkäufe, bei denen Giraffen oder Nashörner wie beim Großhändler über die Ladentheke gehen, oder die Produktion von Wildfleisch: In den Restaurants der Parks kommen durchaus Leckerbissen aus der eigenen Savanne auf den Tisch.

Die Kassen füllen zudem durchschnittlich 5000 Parkbesucher täglich, die sich die äußerlich friedfertige »Arche« anschauen wollen. In den staatlichen Camps wird vom Camping bis zur Vollversorgung gastronomisch ausreichend Komfort angeboten, mehr, als für einen Safari-Aufenthalt notwendig wäre. Die größeren »restcamps« bieten Elektrizität, eine Kranken-

1 *Kruger at its best: Giraffen, Elefanten und eine Vielzahl anderer Großtiere begegnen Selbstfahrern auf allen Routen.* – 2 *Viele Tiere sind allein aufgrund ihrer Größe eine Gefahr.*

1

2

station, einen Supermarkt, einen Waschsalon, ein Restaurant, ein Bistro, Telefonanschluss und eine Tankstelle. Je nach Geldbeutel lassen sich traditionelle Rundhütten mieten oder klimatisierte Ferienhäuser, die für sechs Personen ausgelegt sind, und nicht einmal in der Kategorie »Safari Tents« fehlt es an Luxus: Die Zelt-Camps bieten bis zu vier Schlafplätze, eine Garderobe, einen Tisch und Stühle, einen Kühlschrank sowie einen Ventilator, der nicht nur für Kühlung sorgt, sondern auch für die passende »Out-of-Africa«-Atmosphäre.

Game Drive auf eigenen Rädern

Für Ausflüge auf eigene Faust gelten strikte Regeln: Fahrten im offenen Wagen sind nicht erlaubt, unterwegs aussteigen ist (außer an entsprechend markierten Stellen) verboten, es gibt Geschwindigkeitsbegrenzungen von 50, 40 und 25 Stundenkilometern, die durch Radarmessungen kontrolliert werden, und wer einen Reifen wechselt, tut dies auf eigene Gefahr. Über 200 Ranger arbeiten im Park, deren Vorgaben zum Schutz der Tiere rigoros überwacht werden, was schlecht sein mag für Vertreter der modernen Spaßgesellschaft. In den Camps gilt sogar eine strenge Nachtruhe, Regelüberschreitungen werden durch saftige Bußgelder geahndet.

Wie alle südafrikanischen Nationalparks ist auch der Kruger National Park professionell organisiert. Besucher können bei der Planung auf umfangreiches Material zurückgreifen, das auch im Internet steht: von detailliertem Kartenmaterial mit Landschaftsbeschreibungen der unterschiedlichen Parkregionen (Flusslandschaften, raue Steppen, Berg- und Schwemmlandschaften) und Angaben über die jeweils dort anzutreffende Tierwelt bis hin zu unter Umständen überlebenswichtigen Entfernungstabellen und Zeitangaben, die das rechtzeitige Ankommen an den Gates oder in den Camps vor Einbruch der Dunkelheit sichern.

Zu Fuß bei den Exoten

Zu den herausragendsten Erlebnissen im Kruger Park zählen Wanderungen auf den Wilderness Trails, die so stark nachgefragt sind, dass bei Buchungen lange Vorlaufzeiten einkalkuliert werden müssen. Anders als in einem der zwölf Hauptcamps und bei den üblichen Safari-Touren im geschlossenen Wagen kommt die Wildnis hier auf leisen Pfoten daher.

Maximal acht Personen werden, begleitet von einem Ranger, einem Koch und einem Fährtenleser, in eines von sieben abgelegenen Bushcamps gebracht, wobei mit jedem Kilometer Fahrt durch die Savanne die Zeichen der Zivilisation hinter dem Geländefahrzeug weiter verblassen. Die Camps sind spartanisch ausgestattet: vier einfache Rundhütten aus Holz in einem umzäunten Areal, drinnen zwei Betten, ein Moskitonetz (der Kruger Park gilt als malariagefährdetes Gebiet), eine Petroleumlampe, eine Waschschüssel. Das kleine Personalhaus beherbergt eine Küche, Duschen und Toiletten, das Wasser sprudelt aus einem Tiefbrunnen. Nur 20 Meter vom Maschendrahtzaun entfernt liegt das Wasserloch der Tiere, und dort stehen sie dann, gleich nebenan: Elefanten, Nashörner, Giraffen schauen über den Draht, der hier ausnahmsweise die Menschen einzäunt, nicht die Tiere. Vor Sonnenaufgang dröhnen dumpf afrikanische Trommeln in die Träume, kurz darauf gefolgt von einem energischen Klopfen an der Tür. Ranger und Tracker schultern Gewehre,

3

1 und 3 *Elefanten lieben es zu baden, auch im Matsch …* – 2 *Bleibt zu hoffen, dass dem Kleinen keines dieser gefährlichen Krokodile begegnet! Die Tiere können bis zu 6 Meter lang werden.*

1

2

3

die Teilnehmer in Rucksäcken den Proviant für das spätere Frühstück, dann beginnt die Safari. Zu Fuß geht es vier Stunden durch die Savanne, über die langsam das fahle Licht der Dämmerung kriecht, das Gräser und Büsche zu erstaunlichen Farbsilhouetten aufbläst, bevor die aufgehende Sonne den frühen Zauber wieder zerstört.

Rhinozeros im Anmarsch!

Frank, seit 14 Jahren als Ranger im Kruger Park tätig, versichert, er habe noch nie ein Tier in Notwehr erschossen. Jesajah, der einheimische Tracker, scheint schon welche zu sehen, wo keine sind. Noch nicht.

Wie aus dem Nichts tauchen Antilopen, Zebras und Giraffen auf, und mit ihnen, ebenso plötzlich, das prickelnde Gefühl, weder Zaun noch Auto als Schutz zu haben – den gibt es nicht, abgesehen von den beiden Gewehren. Der Fährtenleser, der nur Afrikaans spricht, lässt Frank übersetzen: Dies hier sei »Rhino Country«, er würde eines riechen. Wo ist es? Irgendwo. Im hohen Gras. Er flüstert. Die Gruppe hockt wie im Gänsemarsch hinter dem Ranger. Nummer drei tritt auf einen Zweig, der laut knackend zerbricht. In der gleichen Sekunde taucht aus der Unterwelt der wahrhaftige Teufel auf – in Form eines Rhinozerosses, dessen Kalb im Halbkreis davonstiebt. Die Mutter stampft schnaubend hinterher. Einige aus der Gruppe reißen reflexartig ihre Kameras hoch, lassen sie aber gleich wieder sinken, als sich im Sucher abbildet, wie das Kleine abrupt stoppt, sich dann blitzschnell entscheidet, einen Haken zu schlagen, und geradewegs auf die entsetzte Gruppe zurennt, den mütterlichen Aufpasser, nun vollends wild geworden, dicht hinter sich. Obwohl Frank der Gruppe eingeschärft hatte, in jedem Fall dicht zusammen zu bleiben, hechten ihre Mitglieder panisch in alle Richtungen, während Mutter und Kind mitten durch die gerade entstandene Lücke hindurch galoppieren und weiter, Gott sei's gelobt, geradeaus in die freie Savanne. »Breitmäuler sind nur schreckhaft«, wird Frank später erklären, »keinesfalls aggressiv.« Seufz! Das hohe Steppengras hatte Tiere und Menschen bis zum letzten Moment verdeckt. Der Wind stand günstig, deshalb konnte Jesajah den Braten vorher schon riechen. Die beiden Rhinos witterten nichts. Und dann, aus absoluter Statik heraus, eine solche Aktion! Was für ein Tempo! Weit und breit kein Baum, keine Mauer, kein Auto, nichts, wohin man hätte flüchten können. Und solche Kolosse. Ob Frank im Ernstfall noch hätte schießen können? Wenn nicht dies, was wäre denn dann überhaupt ein Ernstfall?

Am letzten Abend (außer Leoparden waren alle »Großen« auf den vier Fußmärschen zu sehen) führen der Ranger und sein Fährtensucher die Gruppe in die Berge, anderthalb Stunden Fußmarsch

1 und 2 *Sowohl in den oberen als auch in den unteren Reihen bleibt man als Pflanzenfresser besser aufmerksam.* – 3 *Auch das Affenbaby schaut neugierig bis neckisch von oben herab* – 4 und 5 *…während diese zwei mächtigen Vertreter der Big Five, Büffel und Nashorn, einmal gereizt, zu rasenden Kampfmaschinen mutieren können.*

4

5

1

2

vom Camp entfernt. Der Koch würde später mit dem Geländewagen aufkreuzen, hoffentlich bevor die Nacht kommt. Als dann die Sonne zu sinken beginnt, eröffnen sich grandiose Ausblicke in die Weite der sich schnell färbenden Savanne. Eine der Höhlen, die sich hier auf einem geschützten Felsplateau befinden, zieren Zeichnungen. 2000 Jahre alt, sagt Frank, von den San, sagt Jesajah. Für kurze Zeit erstrahlt der Kruger Park noch in Kalahari-Rot, bevor dunkle Schatten aufziehen und – zum Glück – Autoscheinwerfer am Horizont aufblitzen. Die Buschmänner von damals mussten Stimmungen wie diese geschätzt haben, Wohnhöhlen in solcher Lage sprechen für guten Geschmack.

Luxus pur: Private Game Reserves

In ganz Südafrika haben sich neben den staatlichen Nationalparks zahlreiche private Wildparks etabliert. Die bekanntesten grenzen im Westen an den Kruger Park, wobei die Zäune der insgesamt 2000 Quadratkilometer großen privaten Gebiete (mit einer Gesamtfläche von der Größe des Saarlandes) 1993 eingerissen wurden, damit die Tierherden frei wandern können. Wer den Publikumsandrang im relativ preiswerten staatlichen Kruger Park scheut, ist in den Game-Lodges der Privaten mit so berühmten Namen wie Sabi Sabi oder Mala Mala exklusiver untergebracht und erlebt vielleicht solche Geschichten: »Wir haben sogar einen Night-Manager«, lächelt Ratel, der einheimische Fährtensucher in der kleinen, feinen Inyati-Lodge der Sabie Sands Reserve und rollt bedeutungsvoll mit den Augen, »für Notfälle. Falls mal ein Nashorn durchs Zimmer läuft!« Die Gruppe lacht, aber sehr abwegig ist das nicht. Auf dem Fuße folgt die Geschichte, wie einmal ein 3 Tonnen schweres Nilpferd aus dem Sabie River stieg, gemütlich über die grüne Wiese zur Lodge hinaufwatschelte, das sorgsam aufgebaute Luxus-Buffet mit dem Hintern zum Einsturz brachte und dann zum Entsetzen der herausgeputzten Dinner-Gäste in den Pool sprang, der auch noch kaum gefüllt war. Das Hippo saß auf dem Grund des gekachelten Betonbeckens fest, bis endlich ein Kranwagen kam, der es heraus und zurück in die Wildnis bugsierte.

3

Ausgewogen? Preis-Leistung

Das Ambiente der Luxus-Lodges kommt gewöhnlich ebenso exotisch daher wie Landschaft und Tierwelt um sie herum. Besonders Atmosphärisches hat aber seinen Preis. Dem Tswalu Private Desert Reserve war der Übernachtungsluxus ihrer Gäste am Rand der Kalahari 2,5 Millionen Dollar Baukosten wert, bei über 20 Millionen für das gesamte Reservat. Dafür nächtigen seine Besucher aber auch in einer beeindruckenden Fünf-Sterne-Herberge, die zu den schönsten Game Lodges im südlichen Afrika zählt. Die ausgefallene Architektur spielt mit Naturmaterialien, reetgedeckten Runddächern, versetzten Wohnebenen und Panoramafenstern, die den Blick vom Bett oder Kamin aus auf die Wasserlöcher der Tiere und die weite Savanne freigeben. Die Inneneinrichtung präsentiert handverlesene Schätze afrikanischer Wohnkultur, und draußen ist die Lodge so optimal an die Umgebung angepasst, dass sie aus der Ferne kaum auszumachen ist. Dem Einfallsreichtum privater Lodge-Betreiber sind offenbar keine Grenzen gesetzt, wenn es darum geht, zahlungskräftigen Gästen ein Safari-Feeling auf hohem Niveau zu bieten.

1 *Die Ungefährlichkeit sattgefressener Raubkatzen zu testen, sollte man besser einem erfahrenen Zebra überlassen.* – 2 *Der Gepard beobachtet aufmerksam die Umgebung.* – 3 *Die Löwenbabys können zwar schon schön die Zähne fletschen, beim Jagen kommen diese aber noch nicht zum Einsatz.*

Durchschnittlich sind dafür 500 Euro pro Tag einzukalkulieren, effektiv manchmal sogar ein Vielfaches – was in Ordnung ist, auch weil es dem Tierschutz nützt.

Beispiel Singita Lebombo

Was anmutet wie eine Lizenz zum Gelddrucken, entpuppt sich im »Kruger« als

Gebot der Not. Der chronische Mangel an Finanzmitteln des National Parks Board (das die gesamten Einnahmen aller südafrikanischen Nationalparks verwaltet und umverteilt) ließ einen umstrittenen Einfall Wirklichkeit werden, gegen die Umweltaktivisten zunächst entrüstet Sturm liefen: die Verpachtung staatlicher Naturschutzterritorien an Privatunternehmer. Die Idee war genial. Auf entlegenen, wenig genutzten Arealen des Kruger Park wies man Konzessionsgebiete aus und versteigerte sie als Pachtland auf 20 Jahre an Höchstbietende. Für eine der insgesamt sieben Wildnis-Enklaven, die Nwanetsi Concession, erhielt die Lodge & Safari-Company »Singita« den Zuschlag. Heute residiert dort mit der Singita Lebombo Lodge eine Weltklasse-Unterkunft unter dem bekannten Kruger-Park-Label, deren Gästebuch inzwischen zahlreiche VIPs wie Thabo Mbeki, Nicolas Cage, Leonardo DiCaprio und Charlize Theron verzeichnet.

Wohnträume im Busch

Das Lebombo Camp thront mit offenem Restaurant, opulentem Pool und einer gewaltigen Lounge-Halle auf einem Bergrücken und offeriert Design pur: Glas, Stahlrahmen und kostbare Naturhölzer sind die sichtbaren Trägermaterialien, die als künstliche Eingriffe gewagt im Buschland stehen.

Das alles fußt auf der beinharten Realität und den strikten Schutzvorschriften des Kruger Parks. Strenge Auflagen regeln Bautätigkeit, Wasserverbrauch, Personal- und Gästemengen, Zuliefererbewegungen sowie den involvierten Naturschutz. Das gesamte Projekt ist auf Stelzen gesetzt, was bedeutet, Lebombo könnte in kürzester Zeit demontiert werden, ohne dass Narben in der Wildnis zurückbleiben. Bis auf die 30 Bohrlöcher vielleicht, die für die Wassersuche nötig waren und von denen drei, 8 Kilometer entfernt, Wasser führen, das in Tanks gesammelt und aufbereitet wird. Sukzessive werden die Dieselgeneratoren ökologisch korrekt Sonnenkollektoren weichen. Und natürlich ist auch der anfallende Abfall inklusive Mülltrennung ein Thema, das die Parkverwaltung mit Argusaugen überwacht.

Nächtliche Jagd-Szenen: hautnah

Was Private Game Parks oder private Konzessionsgebiete neben solcherlei überzogenem Luxus und einem gehobenen Maß an Ambiente hinaus interessant macht, sind spektakuläre Nachtfahrten in offenen Geländefahrzeugen, die in staatlichen Schutzzonen verboten sind. Unter dem Einsatz von Scheinwerfern können Safari-Teilnehmer dabei hautnah erleben, wie beispielsweise ein Rudel Löwen sich sein Opfer in einer Gnu-Herde ausguckt, den Angriff taktisch anlegt und ausführt, bis eine der Großkatzen das Huftier ruhig und gelassen an der Kehle gepackt hält und langsam erdrosselt, während sich die Staubwolken nach dem brutalen Ereignis wieder lichten. Nicht jedermanns Sache ist, was anschließend passiert, wenn die übrigen Raubkatzen herankommen und den Leib in Stücke zerlegen. Doch auch das gehört zum Tierschutz und zur überlebenswichtigen ökologischen Balance dazu.

1 und 2 *Die Pläne des National Parks Board gehen eindeutig zu Lasten der vielen an den Parkrändern lebenden Menschen.* – 3 *Im Park selbst bekommt man schon mal ungewöhnliche Paare zu Gesicht.*

2

3

1

2

1 bis 6 *Im Greater St. Lucia Wetland Park, dem heutigen iSimangaliso-Nationalpark, sind unglaublich viele Krokodile, Wasservögel und Flusspferde zu Hause.*

Seite 124/125: 1 *Nicht nur im Kruger Park, sondern in vielen Schutzzonen ist die Romantik der afrikanischen Wildnis in traumhafter Natur zu erleben.* – 2 *Symbiosen zwischen den Tieren nutzen beiden: Der Vogel hat was zu fressen, der junge Büffel wird von Ungeziefer befreit.* – 3 *Die Giraffe bekommt Hilfe von zahlreichen Madenhackern,...* – 4 *...während sich Elefanten selber beduschen können.*

1

2

3

4

Southern Sun
Southern Sun
WONDER FLOORING
WONSTEP

Durban's KwaZulu-Natal

Durban rangiert mit 4 Millionen Einwohnern an dritter Stelle der südafrikanischen Ballungsräume und ist die unbestrittene Metropole der Provinz KwaZulu-Natal. Der Sitz finanzkräftiger Industrie- und Handelsunternehmen lässt Hotelneubauten wie Pilze aus dem Sand schießen, und die Skyline zeigt: Hier ist das Geld zuhause, hier werden Geschäfte gemacht. In Durban beginnt zudem eine der schönsten Küsten des Landes, die sich in naturbelassener Schönheit bis hinauf zur Grenze von Mosambik erstreckt.

Durban ist die Stadt mit dem größten Hafen, den besten Wellen für Surfer, den längsten Sandstränden und die urbane Heimat all dessen, was Südafrikas Ostküste ausmacht.

Wildnisparadies am Indischen Ozean

Durban – Pietermaritzburg – Midlands – uKhahlamba Drakensberg Park – Hluhluwe-Umfolozi Game Park – St Lucia Wetlands – Sodwana Bay National Park – Kosi Bay – Swaziland

Jede Stadt hat ihre Geschichte: Während Johannesburg von Gold, Soweto und einer großen Dichte an Golfplätzen erzählt, geht es in Kimberley um Diamanten und das größte Loch der Welt. Kapstadt kann weder Jan van Riebeeck noch Cecil Rhodes vergessen, sicher auch nicht die Zeiten, als Nelson Mandela auf Robben Island einsaß, während Pretoria gerne seinen »Ohm« Kruger besingt – auf ihn geht die Gründung des weltberühmten Tierparks zurück. Und Durban? Die glitzernde Metropole darf sich mit einem prominenten Sohn schmücken, mit Mahatma Gandhi, der von 1893 bis 1914 in der Hafenstadt am Indischen Ozean lebte und der, wie Mandela, als Symbolfigur für gewaltlosen Widerstand in die Geschichtsbücher der Welt einging. Ein Blick noch weiter zurück zeigt uns Vasco da Gama am Weihnachtstag im Jahr 1497 in einer Bucht der südostafrikanischen Küste vor Anker; in Anlehnung an Christi Geburt taufte er damals den unscheinbaren Landstrich »Natal«. Es war das Stammesgebiet der Zulu.

Erst lange Zeit später – man schreibt das Jahr 1823 – ließen sich an der gut zugänglichen Ankerbucht einige Händler nieder, und schon kurze Zeit später entstand, hauptsächlich durch den Umschlag von Elfenbein, ein betriebsamer Hafen. Bald gerieten burische »Voortrekker« mit den kriegerischen Zulu aneinander, aber die Eingeborenen unterlagen der Feuerkraft der Europäer in blutigen Kämpfen. Wenig später kämpften die Buren gegen die Briten, die Natal von Kapstadt aus unter die Kontrolle des Empire bringen wollten, und diesmal waren die Buren die Verlierer; 1843 wurde Natal zur britischen Kolonie ausgerufen und die Hafenstadt nach dem ehemaligen Kap-Gouverneur Sir Benjamin D'Urban benannt.

Mitte des 19. Jahrhunderts legten die neuen Herren riesige Zuckerrohrplantagen an, wozu Arbeiter in großer Zahl aus Indien herangeschafft werden mussten, weil die stolzen Zulu-Krieger nicht auf die Felder wollten. Wirtschaft und Handel erblühten, prachtvolle viktorianische Kolonialbauten entstanden, die noch heute zeigen, was einst hier war: im Jahr 1863 das Gerichtsgebäude (heute das Local History Museum); im Jahr 1885 das Rathaus (heute die Hauptpost), im Jahr 1894 der

1 *Durbans Waterfront steht für Strandvergnügen pur – die Einwohner der Mega-City nutzen dies das ganze Jahr über.* – 2 *Victoria Street Market steht, im Gegensatz dazu, für Handel und Kommerz.*

1

2

1

2

Hauptbahnhof (heute das Durban Exhibition Centre), im Jahr 1910 die City Hall als monumentaler Nachbau des Rathauses von Belfast. Selbst das Alte Fort, Baujahr 1842, in dem einst britische Soldaten ihren burischen Angreifern trotzten, taucht sehr lebendig aus der Vergangenheit auf: mit einem sehenswerten Kriegsmuseum und dem pittoresken Kirchlein St. Peter in Chains, das ehedem als Pulvermagazin diente.

Die Schönste im ganzen Land?

Durban ist nicht nur die drittgrößte, sondern auch die zweitälteste der vier großen Städte Südafrikas und, wie jeder Ostküstler ganz sicher behauptet, hinsichtlich der Lebensqualität die Nummer Eins. Vor allem ist es hier warm. 365 Tage im Jahr. Im Wasser und zu Lande. Mit traumhaften Landschaften ringsum sowie endlosen Stränden, ungefähr 1000 Kilometer nach Norden und 1000 nach Süden.
Westlich der »City of Lights«, wie sich die Stadt der Surfer selbst gerne nennt, wartet uKhahlamba, der Drachenpark.

Pietermaritzburg und die Midlands

Wer auf den Kamm des Drachens will, kommt an den Midlands nicht vorbei: Sanft geschwungene Hügellandschaften mit saftigen Wiesen, auf denen zufriedene Kühe weiden, erstrecken sich nordwestlich von Durban, wo sich Pietermaritzburg als letzte britische Bastion versteht. Und als Tor zu einer der bizarrsten Landschaften KwaZulu-Natals mit Highlights, deren Namen beinahe schon alles verraten: Tugela Falls, Cathedral Peak, Giants Castle, Sani Pass, Bushmens Neck …
Das im Jahr 1838 gegründete viktorianische Städtchen, das seine 500 000 Einwohner praktischerweise auch »Piemburg« (oder noch kürzer »PMB«) nennen, wartet noch immer mit Insignien des britischen Empire auf: Adrett ziehen sich hölzerne Gartenzäune um akkurat geschnittene Rasenflächen und Bougainvillea-Sträucher, sorgfältig gepflasterte Wege durchziehen nicht nur die Parklandschaften der schmucken Provinzhauptstadt von KwaZulu-Natal. Ein Prachtexemplar in Backstein ist Pietermaritzburgs City Hall, die als viktorianische Architekturpreziose zum Nationaldenkmal erklärt worden und angeblich das größte Backsteingebäude südlich des Äquators ist. Immerhin ragt sein Glockenturm beinahe 50 Meter in den afrikanischen Himmel. In gleicher Weise beeindruckend präsentiert sich vis-à-vis das Gebäude der Tatham Art Gallery, die in ihrer beachtlichen Sammlung Gemälde und Skulpturen südafrikanischer und europäischer Künstler aus dem 19. und 20. Jahrhundert vereint; sogar Picasso-Werke haben den Weg in die geschichtsträchtigen Hallen des ehemaligen Obersten Gerichtshofs gefunden.
Ihre Architektur aus längst vergangenen Zeiten macht die Stadt zu einem ganz besonderen Reiseziel. Auf der Liste der fotogenen Stopps stehen das Macrorie House (1862), das Old Government House (1860), das Old Colonial Building (1899) und das Voortrekker House (1847).
Auch unmittelbar vor Piemburgs Haustür warten einige Attraktionen. Die Midlands-Route führt durch das Gebiet der Midlands Meander bis zum Albert Falls Nature Reserve, einem Naherholungsgebiet, das sich um einen Stausee herum ausbreitet. Bei Fort Nottingham bieten die Howick Falls im Umgeni Valley Nature Reserve das nächste Paradies mit Wasserkaskaden, die eine über 100 Meter hohe Felswand hinabstürzen. Hier lassen

3

1 *Das sogenannte »Amphitheatre« im Royal Natal National Park ist das absolute Highlight für Fotografen, die sich spektakuläre Landschaftsmomente der südlichen Drakensberge auf die Chipkarte holen.* – 2 *Die Felsformationen des durch Eisenoxid gelb und orange gefärbten Sandsteins sind beeindruckend.* – 3 *Das Basotho Cultural Village im Golden Gate National Park. Hier leben die »South Sotho«.*

sich, wie auch in der benachbarten Midmar Public Resort and Nature Reserve, Giraffen, Zebras, Antilopen, Nashörner sowie eine üppige Vogelwelt beobachten, aber das interessiert Reisende, die auf der N 3 unterwegs sind (die bis nach Johannesburg hinauf führt), nicht wirklich. Weil es gleich riesig wird: In der Region des Golden Gate Highlands National Park, des Royal Natal National Park sowie der Rugged Glen Nature Reserve und zahlreicher kleinerer Schutzgebiete thronen die ganz großen Brocken Südafrikas in hochdramatischen Berglandschaften. Über sie alle wacht der König der südafrikanischen Berge, der Mafadi Peak, mit 3446 Metern der höchste von allen.

uKhahlamba – der Drachenpark

Das gesamte 243 000 Hektar große Gebirgsareal, das jenseits der Grenze zu Lesotho mit dem prächtigsten Berg im südlichen Afrika, dem 3482 Meter hohen Thaba Ntlenyana, seinen Fortsatz hat, dient mit seinen phänomenalen Basaltgipfeln als Kulisse für zahlreiche Filme und nennt sich uKhahlamba-Drakensberg-Park. Das Landschafts- und Naturwunder wurde im Jahr 2000 zum Weltkulturerbe erklärt. Nicht nur als Wander- und Bergsteigereldorado ist der »Kamm des Drachen«, der Drakensberg, begehrt, denn was sich hier zeigt, ist von überirdischer Schönheit: das berühmte Amphitheatre im Royal Natal National Park etwa, wo der Tugela River an einer 5 Kilometer langen und 500 Meter hohen Felswand in mehreren Stufen über 800 Meter tief abstürzt. Allradfahrer machen sich auf den Weg zum 2895 Meter hohen Sani Pass, der auf einer allgewaltigen Gebirgsstrecke ins Königreich Lesotho hinein führt und Off-Road-Fans ein Fahrabenteuer der besonderen Art garantiert. Eine Serie spektakulärer Haarnadelkurven schraubt die schnaubenden Four-Wheel-Gefährte immer höher hinauf in ein Szenario aus schneebedeckten Bergen, grotesken Schluchten und bedrohlichen Steilabfällen, hinein in eine Welt, durch die in wärmende Wolldecken gehüllte Hirten ihre Schafherden treiben. Bequemer, wenn auch nicht weniger spektakulär, ist das Giant's Castle Game Reserve zu erreichen: Zwischen Champagne Castle (3374 Meter), Giant's Castle (3314 Meter), Cathkin Peak (3148 Meter) und Cathedral Peak (3004 Meter) ragen hier gewaltige Basaltbrocken auf, deren Höhenlinien kaum unter 3000 Metern liegen.

Viel Zulu-Blut an weißen Händen

Nicht weit von hier erstreckt sich inmitten grünstrotzender Hügellandschaften das Siedlungsgebiet der Zulu, jener stolzen Stammeskrieger, die sich von Anbeginn der Kolonialisierung gegen die weißen Eindringlinge aus Europa stellten. Hier herrschte der legendäre Zulu-König Shaka, der Anfang des 19. Jahrhunderts versprengte Zulu-Stämme einte und eine straff organisierte Militärmacht aufstellte. An der Mündung des Tugela River erinnert der Ultimatum Tree an den Ausbruch der Schlachten zwischen Briten und Zulu. Vor allem in der Region zwischen Eshowe und Empangeni breitet sich die einst mächtige Zulu-Kultur aus, in Form bunter Folklore mit idyllisch wirkenden Rundhüttendörfern, die pittoresk zwischen weitflächigen Zuckerrohrplantagen liegen. Eine ganze Reihe von Museumsdörfern lässt die Geschichte der Zulu und ihres mächtigen Königs wieder lebendig werden. Nordwestlich von Ulungi, im Dreieck von Newcastle, Vryhei und Ladysmith, befinden sich die historischen Schlachtfelder sowie das Blood River Monument zwischen Dundee und Vry-

1 *Das Denkmal der Planwagen aus Bronze vergegenwärtigt die Schlacht am Blood River.* – 2 *Prachtvolle Aussichtsloge mit Blick auf den Devil's Tooth.* – 3 *Die zerklüftete Wildheit der südlichen Drakensberge KwaZulu-Natals begeistert nicht nur Naturliebhaber.*

2

3

1

2

heid. Hier, am Ncome River, dem späteren Blood River, hatten 464 Buren mit ihren Ochsenwagengespannen eine Wagenburg errichtet und wurden am 16.12.1838 von 20 000 Zulu angegriffen. 3000 Zulu starben hierbei, der Fluss färbte sich, so die Legende, blutrot.
Was außerdem noch zum Zulu-Land gehört, sind Lüneburg, Wittenberg, Augsburg, Schwarzwald und Braunschweig, allesamt in der deutschen Provinz von Mpumalanga gelegen. In den deutschsprachigen Ortschaften in der Nähe von Paulpietersburg leben die Nachfahren deutscher Einwanderer, die vor 150 Jahren ins Land kamen und die noch heute, im lutherischen Glauben verbunden, eine eingeschworene Gemeinschaft bilden. Wer mitten in den Weiten Afrikas deutschsprachige Schulen und Gottesdienste und einen zünftigen deutschen Bläserchor erleben will, sollte der »German Pioneer Route« folgen, wo zur Adventszeit deutsche Lebkuchen der südafrikanischen Sommerhitze standzuhalten versuchen.

Das Paradies der Nashörner

Zwei Fahrstunden nordwestlich von Durban öffnen sich die Tore des Hluhluwe-Umfolozi Game Park. Das riesige Schutzgebiet, das mit 1000 Quadratkilometern die doppelte Fläche des Bodensees einnimmt, zählt seit seiner Gründung im Jahr 1895 zu den ältesten Game Parks in Afrika. Seine Geschichte: Als im März 1959 die beiden Game Ranger Ian Player und Magqubu Ntombela mit einer Handvoll Safari-Gäste hier auf dem ersten offiziellen Wilderness Trail unterwegs waren, konnten die Wanderer ihre Verwunderung nicht verbergen. In der üppig grünen Hügellandschaft, deren Täler von zahlreichen Wasserarmen durchzogen sind, entfalteten sich Bilder von seltener Schönheit – Wälder und Dornveld-Ebenen, sanft geschwungene Hügel und Felskuppen sowie Flussauen, gehüllt in aufdampfende Nebelschwaden, wechselten sich ab und erschufen eine unwirkliche Vision des Gartens Eden. Der Erfolg der Truppe, die ohne Fahrzeuge in vollkommener Stille Teil dieser entrückten Naturwelt werden konnte, setzte das Gebiet auf die Landkarte der Begehrlichkeiten. Schnell entwickelten sich Bush Walks zu einer beliebten Art, Safaris in ihrer reinsten Form zu erleben. Heute zählt Hluhluwe-Umfolozi zu den meistbesuchten Schutzzonen Südafrikas.

Walk on the Wild Side

Zwischen bewaldeten Hügellandschaften schlängeln sich die Flüsschen Hlhuluwe River, Black Umfolozi River und White Umfolozi River durch fruchtbare Täler mit üppiger Vegetation: Dies ist »Rhino Country«, ein wahres Futterparadies für Rhinozerosse. In den 1950er- und 1960er-Jahren wurde Hluhluwe-Umfolozi weltberühmt für sein Schutzprogramm »Operation Rhino«, das die Breitmaulnashörner (White Rhinos) vor dem Aussterben bewahrte und ihre besonders seltenen Spitzmaulkollegen (Black Rhino) zur größten Population in ganz Afrika werden ließ.

Hier, wo einst das bevorzugte Jagdgebiet von Zulu-König Shaka (sowie schießwütiger Wilderer, die auf wertvolles Elfenbein aus waren) lag, brauchen sich die Rhinozerosse heute kaum mehr Sorgen um Horn und Leben zu machen. Die mehr als 2000 Breitmaul- und etwa 500 Spitzmaulnashörner stehen im weltgrößten Schutzgebiet für Rhinos unter strenger Aufsicht der Ranger. Bis auf Tuchfühlung kommt man auf den ausgewiesenen Wilderness Trails an die sensiblen Vegetarier heran,

1 *Die großartige Gebirgskette der Drakensberge erinnert mit ihrem saftigen Grün an die Anden.* – 2 *Devil's Tooth, spektakulärster Teil des »Amphitheatre« der Drakensberge, ist ein Eldorado für Bergsteiger und Trekking-Verrückte.* – 3 *Die Steilwände fallen bis zu 500 Meter ab und sorgen für ein unglaubliches Szenario.*

1

2

3

die zu den Highlights von Hluhluwe-iMfolozi zählen. Zu Fuß erkundet man unter der sachkundigen Führung von Wildhütern in mehreren Tagen die Savanne, übernachtet wird unterwegs in einfachen Camps. Groß sind dabei die Chancen, einen Revierkampf zweier Nashornbullen aus nächster Nähe mitzuerleben, mit prickelnden Momenten, wenn die beiden Kolosse aufeinander zustampfen und die Hörner kreuzen.

St. Lucia Wetlands

Der ehemalige Greater St. Lucia National Park, heute iSimangaliso Wetland Park genannt, schaffte es aufgrund seiner besonderen Tierpopulation und der ökologischen Einzigartigkeit als erstes Schutzgebiet Südafrikas auf die Weltnaturerbe-Liste der UNESCO. Und was für ein Glück für die Menschheit: Auf rund 300 Kilometer erstreckt er sich zwischen Cape St. Lucia im Süden und Kosi Bay im Norden entlang einer naturbelassenen Traumküste. Einschließlich seiner Wasserflächen umfasst das 332 000 Hektar große Areal (das entspricht der sechsfachen Fläche des Bodensees) drei Binnenseen, acht ineinander greifende Ökosysteme, weitläufige Sumpf- und Mündungsgebiete, 25 000 Jahre alte Sanddünenlandschaften, die sich bis zu 180 Meter hoch erheben, sowie schier endlose Wald- und sattgrüne Grasflächen.

Auf seiner gesamten Längenausdehnung brandet zu alledem auch noch der Indische Ozean an und präsentiert mit einer Wassertemperatur von 30 ° Celsius ein menschenleeres tropisches Paradies, das im urzeitlichen Zustand verharrt: mit weißschäumenden Brechern, verschwiegenen Buchten, nicht enden wollenden Strandlandschaften und unberührten Sanddünenwelten, die gespickt sind mit skurrilen Baumstammskulpturen, die als Treibholz auf die weiten Sandflächen geschwemmt wurden. Nur das Wellenrauschen ist zu hören, Brecher für Brecher, und der Wind, sonst nichts. Unter der Wasseroberfläche allerdings ist der Teufel los: Der Northern Reef Complex vor Kosi Bay zieht Taucher aus aller Welt an; White Sands Canyon, Seven Mile Reef, Diepgat Canyon und Red Sands Reef heißen nur einige der bunt schillernden Korallenriffe, die sich bis zum Cape St. Lucia hinunterziehen. Wer hier abtaucht, begegnet keinen anderen Tauchern, dafür Unterwasserwelten vom Allerfeinsten. Nemo und seine Freunde gleiten wie im Film durch bildschöne Korallengärten, Schildkröten paddeln in Zeitlupe vorüber, Muränen lugen aus Felslöchern hervor – nicht ohne Grund heißt der bezauberndste Tauchplatz vor Kosi Mouth »Aquarium«!

Der »Sardine Run«

Ein Riesenspektakel findet jeden Juli statt mit dem berühmten »Sardine Run«: Dichte Sardinenschwärme tauchen dann vor den Küsten von KwaZulu-Natal auf, verfolgt von Kamerateams und Raubfischen,

1 *Die Insignien des iSimangaliso Wetland Parks an der Ostküste KwaZulu-Natals sind neben Fischadlern, …* – 2 *gewaltige »Crocs«, …* – 3 und 4 *eine unfassbar weite Natur …* – 5 *und natürlich Vertreter der Big Five, etwa prustende Flusspferdfamilien.*

5

1

2

die mit offenem Maul durch das reich gedeckte Buffet hindurchpflügen. Im Wasser vor den feinen Sandstränden kreuzen Weiße Haie, Buckelwale und Südliche Glattwale, Delfine und Quastenflosser, die »Dinosaurier der Meere«, und im warmen Sand an Land legen Meeresschildkröten ihre Eier ab, darunter die seltene große Lederschildkröte. Richtig wild geht es auch im Lake St. Lucia zu, der mit tausenden Krokodilen und Flusspferden die größte Dichte dieser Spezies in ganz Südafrika versammelt. Dazu bevölkern 526 erfasste Vogelarten die riesigen Feuchtgebiete, was Ornithologen aus aller Welt anlockt.
Erste Anlaufstelle ist das Städtchen St. Lucia, das als Oase der Zivilisation inmitten der Wildnis bestens funktioniert: Zahllose Bed-and-Breakfast-Pensionen, Hotels und Lodges stellen 4500 Gästebetten, alle Campingplätze zusammen noch einmal 2500. In deren Kielwasser profitieren Dutzende Restaurants, Kneipen, Cafés, Souvenirshops sowie zwei gestandene Supermärkte von den anreisenden Fremden. Tourveranstalter haben Walbeobachtungen, Hochseeangeln, Nilpferd- und Krokodil-Kreuzfahrten, Öko- und Schildkrötentouren im Programm, Outdoor- und Safari-Ausrüster teilen sich die Kundschaft mit den Anbietern von Zulu-Kunsthandwerk – wenn die nicht gerade auf einem der beiden wunderschönen Golfplätze in der Nähe von St. Lucia zwischen Krokodilen und Hippos den Abschlag übt.

Die Schildkröten kommen!

Der Sodwana Bay National Park besteht aus einem Kusteneinschnitt des St. Lucia Wetland Park und verheißt neben Sand und Meer vor allem Abgeschiedenheit aufgrund seiner schwierigen Zufahrt. Einheimische Taucher und Sportfischer, die gut ausgerüstet in schweren Geländewagen mit Bootsanhängern anrücken, lassen sich davon aber nicht abhalten und sind im wenig frequentierten Sodwana-Zipfel – dem weltweit besten Platz, um Barrakudas, Marlins und Königsmakrelen zu jagen – beinahe unter sich.
Ein Stück weiter empfängt die Luxus-Strandlodge Thonga Beach in Traumlage betuchte Klientel aus aller Welt: den Lake Sibaya im Rücken, die tosende Brandung des Indischen Ozeans vor Augen, mit menschenleeren Stränden, endlosen Sanddünen und farbenfrohen Riffen in nächster Nähe. 100 Meter oberhalb der Brandung erstreckt sich eine liebliche Hügellandschaft. Tausende Küstenbewohner vom Stamm der Tsonga leben hier an der Grenze zum Nationalpark weit verstreut in traditionellen Rundhütten.
Die benachbarte Rocktail Bay zählt zu den besten Orten der Welt, um Meeresschildkröten bei der Eiablage und das spektakuläre Ereignis des Schlüpfens ihrer Jungen zu beobachten. Natürlich, weil es hier vor allem um Artenschutz geht, aber auch, weil es ein ganz besonderes Naturspektakel ist, wenn bis zu 750 Kilogramm schwere Meeresschildkröten aus dem Indischen Ozean auftauchen, um am Strand ihre Löcher im warmen Sand zu buddeln. Dies geschieht übrigens gewöhnlich zwischen November und April. Erst recht bewegend ist dann der Moment, wenn die Kleinen nach zwei Monaten aus ihren Schalen schlüpfen, um sofort auf wackeligen Beinen zum vermeintlich rettenden Wasser zu taumeln. Die Feinde warten aber schon, überall, weshalb nur ein geringer Prozentsatz der jungen Panzerträger überlebt.

Rocktail Beach Turtle Project

Vor allem die Lederschildkröte verdankt ihr Dasein ausschließlich engagierten Naturschützern. Eine große Rolle spielte das

1 *Das Sodwana Bay Nature Reserve gehört aufgrund seiner schwierigen Zufahrt zu den selten gewordenen Flecken absoluter Abgeschiedenheit.* – 2 *Es ist nur mit geeigneten »Transportmitteln« zu erkunden.* – 3 *Hier wird auch noch traditionell mit Reetdächern gebaut.*

Rocktail Bay's Turtle Monitoring Project, mit dem Wissenschaftler seit 1963 zum Erhalt der vom Aussterben bedrohten Tiere beitragen, und Gäste der Rocktail Bay Lodges können selbst mithelfen, indem sie eine Schildkröte »adoptieren«. Von den Spenden werden die Turtle Scouts bezahlt, die während der Brutzeit den Strand und die Gelege bewachen, sowie Satellitensender, die den Weg der Schildkröten verfolgen, auch wenn die riesigen Tiere unterwegs bis zu 900 Meter tief abtauchen! Wann immer eines der adoptierten Tiere gesichtet wird, erhalten die »Eltern« Nachricht über den Standort per E-Mail. Näher kommen kann man seinem künftigen Adoptivkind durch abendliche Turtle Drives, die auf einer Strecke von 60 Kilometern stattfinden – für die Scouts eine allnächtliche Routine, die zum Schutz der Tiere alle bekannten Schildkrötengelege abfahren und neue aufspüren. Die Gäste, die mitfahren, finanzieren mit der kostenpflichtigen Teilnahme das Turtle Research Project.

Zu solcherlei Unternehmungen braucht es Strände ohne Ende, viel Sonne und eine lauwarme See. Zwischen Black Rock, Lala Nek und Island Rock erstrecken sich paradiesische Buchten, in die der Indische Ozean mit mächtigen Brechern einläuft. Was es heißt, gegen solche Urgewalten zu kämpfen, wissen die Spezialisten vom Rocktail Bay Diving Centre zu berichten. Zwei fette 85-PS-Yamaha-Außenborder sind nötig, um das 7 Meter lange Tauchboot durch die Brandung zu bekommen. Dafür wartet draußen mit 14 renommierten Tauchgebieten eines der exklusivsten Unterwasserparadiese. Inmitten dieser naturbelassenen Idylle hat sich seit anderthalb Jahrzehnten das südafrikanische Lodge-Unternehmen »Wilderness Safaris« etabliert und in enger Zusammenarbeit mit Parkbehörden, Naturschützern und der Mqobela-Gemeinschaft ein Joint-Venture-Experiment auf die Beine gestellt. Auf die Fahnen haben sich die ökologisch orientierten Pioniere die Rettung der Schildkröten geschrieben und die Förderung und Einbindung der ortsansässigen Gemeinschaften. Als Geheimtipp gilt das Rocktail Beach Camp, dessen Chalets, erbaut aus Glas und Edelholz, aus der dichten Vegetation der Küstenwälder ragen – mit Blick auf die stahlblaue See, die ihr gleichmäßiges Donnern als sanfte Hintergrundmusik bis an die Pfahlbauten des Camps schickt.

Kosi Bay – im maritimen Garten Eden

Der Hauptort des Naturparadieses heißt eigentlich Manguzi und liegt 25 Kilometer von der Küste entfernt. Dorthin schafft es nur ein Vierradantrieb. Für Freunde individueller Enklaven ist der 44 Kilometer lange Kosi Bay Trail, der durch pittoreske Feigenwälder und Palmenhaine an den Ufern entlangführt, die richtige Wahl. Noch etwas weiter oben im Norden, an der Grenze zu Mosambik, liegt das Kosi Bay Nature Reserve mit den vier Seen Sifungwe, Mpungwini, Nhlange und Amanzimnyama. Die Wasserparadiese mit den unaussprechlichen Namen liegen dicht beieinander und sind nur durch einen schmalen Dünengürtel vom Indischen Ozean getrennt.
Von hier bis nach Sodwana Bay breiten sich die südlichsten Korallenriffe der Welt aus, die von Tauchern heiß geliebt werden. Diesen maritimen Garten Eden suchen Meeresschildkröten zur Eiablage auf, aber es tummeln sich auch Krokodile, Schildzahnhaie und Flusspferde in den Gewässern.

1 *Die kunstvollen Zulu-Hütten sind nur eine von vielen Sehenswürdigkeiten hier.* – 2 *Zulu-Krieger in ihrem traditionellen Outfit zu erleben, zählt zu den unvergesslichen Momenten in Zululand, das sich nordwestlich von Durban ausbreitet.*

1

1 und 4 *Im Dorf Simunye, das sich zwischen Mimosabäumen und Agaven versteckt, erlebt man die Kultur und den Alltag der Zulu hautnah. Die Männer verstehen sich aufs Jagen, die Essenszubereitung für die ganze Familie obliegt den Frauen des Dorfes.* –
2, 3 und 5 *Alt und Jung leben im Dorf zusammen und pflegen die althergebrachten Traditionen.*

Südafrikas Top Ten

Südliche Drakensberge mit Lesotho

An die 25 000 steinzeitliche Felsmalereien der San finden sich in über 500 Höhlen und Felsüberhängen im gesamten Drakensberg-Gebiet. Konzentriert lässt sich der UNESCO-Weltkulturerbe-Schatz im Royal Natal National Park besichtigen, wo zahllose »Bushman Paintings« aus dem Leben der Jäger und Sammler erzählen, die schon vor rund 8000 Jahren mit Blick auf den 3000er »Giant's Castle« lebten. Die südlichen Drakensberge an der Grenze zu Lesotho sind für Kletterer, Bergsteiger und Bergwanderer ein Terrain erster Klasse sowie für wagemutige Autofahrer: Der Hochgebirgstrip über den Sani-Pass gehört zu den Top-Fahrspaßerlebnissen.

Nördliche Drakensberge & Panorama-Route

Liebhaber großartiger Panorama-Ausblicke kommen auf einer einzigen Straße, die die Landschaftsdramatik zwischen den niedlichen Städtchen Sabie, Graskop und Pilgrim's Rest durchschneidet, auf ihre Kosten, und wie sollte die Straße anders heißen als »Panorama Route«! Hautnah zu erleben ist das Ambiente von einst im viktorianischen Holzbau des Royal Hotels. Wem dort keine Zeit mehr für eine Übernachtung bleibt, der sollte sich zumindest einen Drink an der Church Bar genehmigen, wo sich am Tresen die alten Pionier- und Goldgräberzeiten sehr angenehm herbeiträumen lassen.

Nostalgie auf Schienen

Der Service auf den berühmten Luxuszügen von Rovos Rail, Shongololo und Blue Train lässt kaum Wünsche offen, und auch das Ambiente stimmt: Als filmische Endlosschleife zieht ein »Out-of-Africa«-Kino vom Allerfeinsten vor den Zugfenstern vorbei, während drinnen stilvolles Kolonial-Interieur Lust auf ultimativen Genuss macht. Man findet ihn beispielsweise im Blue Train. Dort besteht die Möglichkeit, ein eigenes Abteil mit Badezimmer, Fernseher, Telefon und Klimaanlage zu reservieren; auch bei Rovos verraten die Buchungsklassen »Pullman«, »Deluxe« und »Royal« den individuellen Anspruch auf Exklusivität.

Sun City, Lost City & der Pilanesberg National Park

Wem der Begriff »Vergnügungspark« normalerweise Bauchschmerzen bereitet, der sollte sich die südafrikanische Variante trotzdem zumindest einmal anschauen. Millionen von Besuchern lassen sich Jahr für Jahr durch dieses Panoptikum der Verrücktheiten schleusen und sind begeistert – so falsch kann nun wirklich keine Statistik sein!
Wer zwischen Black Jack und Roulette schnell Wildtiere besichtigen will, kann das gleich mit erledigen, und zwar im benachbarten Pilanesberg National Park. Dort sind nicht nur alle Vertreter der »Big Five« beheimatet, sondern auch noch zahlreiche andere exotische Wildtierarten wie beispielsweise Giraffen, Nilpferde, Zebras und Hyänen und sogar ein paar der seltenen Rappenantilopen und Wildhunde kann man dort antreffen.

Kruger National Park

Als »Arche Noah« wird der Kruger Park häufig bezeichnet. Jedenfalls ist er neben Grzimeks Serengeti das bekannteste Tierparadies der Welt, und noch dazu für Selbstfahrer zugänglich! Der staatliche Nationalpark ist mit erschwinglichen Übernachtungsmöglichkeiten aller Kategorien ausgestattet, von recht komfortablen Rest-Camps angefangen bis hin zum einfachen Campingplatz. Aber Achtung: Es gelten strenge Regeln! Denn wer die Lücke in einer Elefantenherde, die gerade in Seelenruhe die Fahrpiste kreuzt, zur Weiterfahrt nutzt, und dabei ahnungslos die Jungtiere von ihren Kühen trennt, der hat das Adjektiv in »The Big Five« mit Sicherheit für alle Zeiten erfasst: Garantiert wird ein stoßzahnbewehrter Bulle wie eine tollwütige Dampfmaschine auf das Fahrzeug zustampfen!

3

Wunder der Natur und der Architektur: 1 *Die hübsche Kirche von Graaff-Reinet in der Karoo. Sie ist in weiten Teilen ein Nachbau.* – 2 *Der Cliff Walk führt an der schönen Küste von Hermanus entlang.* – 3 *Südliche Glattwale beim Spiel.*

Johannesburg & Pretoria

Die beiden Großstädte haben einiges zu bieten, vor allem hinsichtlich Kunst und Architektur! Für viele Reisende sind sie der Einstieg, zum Beispiel zum nur wenige Stunden entfernten Kruger Park oder zum Vergnügungsparadies Sun City (inklusive Pilanesberg). Am einfachsten und für Touristen am sichersten ist es, die urbanen Highlights auf einer organisierten Besichtigungstour zu besichtigen, zumindest ist dies die ratsamste Variante. Ein Besuch Sowetos kostet mehr Zeit, ist aber so herausfordernd wie lohnend: In dem Viertel steht unter anderem das ehemalige Wohnhaus der Mandelas, das heute ein Museum ist, und ein Stück weiter das von Erzbischhof Desmond Tutu, der mutig gegen die Apartheid antrat, als das noch verboten und mit strengen Strafen belegt war.

Grahamstown & Addo Elephant Park

Auf halber Strecke zwischen Port Elizabeth und East London versteckt sich im grünen, hügeligen Küstenhinterland die Hauptstadt von »Settler Country«, Grahamstown. Eine trendige Künstlerszene, viel Kunst und Kirchen bietet das viktorianische Fassadenwunder, das sich »very british« gibt – ein besonders feines Stück England unter afrikanischer Sonne. Wer es bis hierher geschafft hat, sollte den grandiosen Addo Elephant Park mit seinem großartigen Wildlife gleich nebenan keinesfalls verpassen. Neben den berühmten Elefanten gibt es dort über 200 Vogelarten, darunter Strauße, Sekretäre, Spechte und Trappen, sowie die »Big Five«.

Birdwatching an der Westküste

Sixteen Mile Beach heißt die schmale Landzunge der Langebaan-Lagune, die das Herzstück des West Coast National Park zwischen Yzerfontein und Paternoster ist. Massen von Kap-Tölpeln, Kormoranen, Brillenpinguinen und Flamingos geben sich in den Feuchtgebieten ein Stelldichein, manchmal bis zu 60 000 Vögel auf einen Schlag. Liebhabern von naturbelassenen und (beinahe) menschenleeren Küstenlandschaften bereitet das Ambiente mit dem anheimelnden kapholländischen Touch Glücksgefühle ohne Ende. Zwischen Langebaan und Lambert's Bay laden geschmackvoll gestaltete Herbergen zum Verweilen ein, in Traumlagen am Atlantik.

Garden Route & Outeniqua Choo-Tjoe

»The most spectacular landscape«, das Herzstück der Garden Route, hat sich der Outeniqua Choo-Tjoe-Dampfzug ausgesucht, der zwischen George und Mossel Bay durch unwirkliche Landschaftsszenarien aus Wäldern, Seen und Flüssen schnauft. Die Garden Route selbst hält malerische Buchten, einsame Strände, steile Felswände und bezaubernde Wanderrouten durch dichte Wälder bereit.
Die berühmtesten mehrtägigen Tracks für Wanderer hier sind der Otter Trail und der Tsitsikamma Trail, unterwegs kann man in rustikalen Cottages übernachten. Die Schluchten des Storms River locken Aktiv-Sportler, die danach nicht nur vom Blackwater Tubing schwärmen, sondern auch vom höchsten Bungee-Jump der Welt: 216 Meter von der Bloukrans-Brücke!

Cape Town & Winelands

Diese beiden gehören einfach zusammen, wobei Kapstadts Highlights wie Cape Point, Chapman's Peak Drive, Hout Bay, Camps Bay sowie Victoria & Alfred Waterfront – der quirlige Publikumsmagnet rund um die beiden Hafenbecken Kapstadts – schon für sich allein sprechen.
Zu den Winelands nur so viel: Zwischen 1699 und 1712 residierte Hollands Gouverneur Simon van der Steel auf Groot Constantia, das mit seinem Baujahr 1685 das älteste Weingut Südafrikas ist. Hier wurden schon so frühzeitig gute Weine angebaut, dass diese an den Tafeln europäischer Fürstenhäuser gerne verkostet wurden. Das historische Gutshaus ist heute ein Museum.

1

2

Festivals & Events

Januar

Cape Town Minstrel Carnival

Am 1. Januar wird's in Kapstadt bunt, wenn tausende Kap-Karnevalisten, die sich gerne mit den Mardi-Gras-Kollegen in New Orleans oder jenen in Rio de Janeiro vergleichen, durch die Straßen ziehen: mit Musik, Tanz und Gesang, um mit diesem Spektakel, dessen Ursprung ins 19. Jahrhundert zurückreicht und das besser bekannt ist als »Coon Carnival«, das Neujahrsfest zu feiern. www.capetown-minstrels.co.za

Februar

The Johannesburg International Mozart Festival

Neben zahllosen Musikveranstaltungen findet das feinfühlige und sehr besondere Klassik-Festival ab Ende Januar und über den gesamten Februar verteilt statt und lockt eine sehr spezielle Klientel an. Eine einzigartige Mischung aus musikalischen Vorträgen und verschiedenen Musikprojekten für Kinder, Klassikinteressierte und Musiker. www.join-mozart-festival.org

März

Cape Town Jazz Festival

Aus aller Welt reisen die Teilnehmer an, um 48 Stunden lang nonstop zu zelebrieren, was in ihrem Genre machbar ist. Es gibt viele musikalische Workshops und, abseits des Festivals, eine sehr lebendige Musikszene in den zahlreichen Jazzkneipen Kapstadts. Angesagt sind derzeit das »Manenburg's« und »The Green Dolphin«. Weitere Events im März sind der reguläre Cape Town Carnival sowie das Kulturspektakel Cape Town Festival. www.capetownjazzfest.com

April

Two Oceans Marathon

Seit 1970 bringt dieser Lauf in Kapstadt, der eines der bedeutendsten Sportevents Südafrikas ist, Tausende auf die Beine – aktiv und passiv. Die Hauptstrecke ist ein 56 km langer Ultramarathon über die Kap-Halbinsel mit satten Steigungen. Weicheier können seit 1998 auch auf einen Halbmarathon ausweichen. www.runnersguide.co.za.

Juli

Grahamstown National Arts Festival

Längst hat sich das viktorianische Bilderbuchstädtchen zur Festival-Hauptstadt des Landes entwickelt: Hier finden jedes Jahr zahllose Events statt. Das National Arts Festival aber ist ein ganz besonderes, denn es bietet ein Kulturspektakel riesigen Ausmaßes. Eine halbe Million Musik-, Kunst und Theaterbegeisterte aus Südafrika und aller Welt finden sich hier ein, und die Logenplätze sind schon lange vorab ausgebucht. www.nafest.co.za

August

Stellenbosch Wine Festival

Anfang August geht es rund auf einer der ältesten Weinrouten Südafrikas. Neben etwa 400 Weinen aus rund 90 südafrikanischen Kellereien gibt es kulinarische Spektakel, Musik- und Bühnenshows und Straßenstände aller Art. Ziel ist es, den südafrikanischen Winter schnellstmöglich zu vertreiben. www.stellenboschwine festival.co.za.

September

Hermanus Whale Festival

Walfangflotten zogen die majestätischen Riesen im 18. und 19. Jahrhundert so massenhaft aus dem Wasser, bis sie fast ausgerottet waren. Erst ab 1935 wurden die Wale vermehrt geschützt, 1976 dann verbot man den Fang in Südafrika gänzlich. Die Rückkehr der prachtvollen Southern Right Whales an die Südküste wird in Hermanus mit Musik, Theater, Sport und Vorführungen aller Art von ungefähr 100 000 Besuchern jährlich gefeiert. www.whale festival.co.za

Oktober

African Shebeen Festival of Beer

Im feinen Johannesburger Stadtteil Sandton trifft sich alljährlich das nationale Brauwesen und bringt jedes Mal um die 20 000 Liter Gerstensaft in Bewegung. Die Namensgebung konterkariert übrigens den Austragungsort ein wenig: »Shebeen« heißen die improvisierten (und illegalen) Pubs in den Ghettos der Schwarzen …

1 *Cecil-John-Rhodes-Denkmal in Kimberley erinnert an den Mitbegründer von De Beers.* – 2 *Abenddämmerung über dem »Big Hole« von Kimberley.* – 3 *Eine Wasserpumpe ermöglicht das Leben in der Wüste.*

Zeittafel

1487

Der Portugiese Bartolomeu Dias umsegelt die strömungsreichen Kapfelsen und nennt die Ecke das »Kap der Stürme«.

1503

Antonio de Saldanha läuft in die Tafelbucht ein und besteigt als erster Europäer den Tafelberg.

1577

Der englische Admiral Sir Francis Drake äußert sich begeistert über die Schönheit des Kaps.

1605 bis 1652

Erste Schiffe der East India Company ankern am Kap, am 6. April 1652 segelt der Holländer Jan van Riebeeck mit drei Schiffen in die Kapstädter Tafelbucht ein.

1779 bis 1791

Erste kriegerische Auseinandersetzungen mit weißen Siedlern und dem Stamm der Xhosa

1795

Die Briten übernehmen die Macht am Kap.

1814

Die ehemalige Niederlassung der Ostindischen Kompanie wird zur britischen Kronkolonie

1835

Die holländischen Buren, die Voortrekker, ziehen während des Großen Trecks in von schwarzen Stämmen besiedelte Gebiete.

1838

Die Zulu, die sich der Landnahme in KwaZulu-Natal mutig entgegenstemmen, werden am Blood River vernichtend geschlagen.

1867

Im Norden der Kapprovinz werden Diamanten gefunden.

1877

Es kommt zum Krieg zwischen den Buren und den Briten. Die Buren gewinnen und gründen unter Ohm Kruger die Burenrepublik.

1886

Die ersten Goldfunde beschleunigen die Besiedlung des Inlands.

1899–1902

Es kommt erneut zum Krieg, den die Buren verlieren.

1910

Gründung der Südafrikanischen Union; Schwarze dürfen per Gesetz kein Land außerhalb von Reservaten erwerben.

1939

Südafrika tritt gegen Deutschland in den Zweiten Weltkrieg ein, nach Kriegsende werden die Rechte der Schwarzen weiter eingeschränkt.

1960

Nach einem Aufstand der Widerstandsbewegung ANC Verbot derselben.

1962

Nelson Mandela wird als ANC-Führer festgenommen.

1976 und später

Gründung von »Homelands« unter Selbstverwaltung.

1977

Ermordung des Studentenführers Steve Biko.

1986

Nach zahllosen Aufständen verhängt der weiße Präsident Pieter Botha den Ausnahmezustand – die Gewalt eskaliert.

1989

Bothas Nachfolger Frederik W. de Klerk muss die Apartheid auf internationalen Druck beenden und lässt Mandela frei.

1993

De Klerk und Nelson Mandela erhalten den Friedensnobelpreis.

1994

Der ANC gewinnt die ersten freien Wahlen Südafrikas.

1997

Nelson Mandela wird der erste schwarze Präsident Südafrikas.

1999

Der ANC gewinnt erneut die Wahlen mit großer Mehrheit, Thabo Mbeki wird Präsident.

2008

Mbeki muss auf Forderung des ANC zurücktreten, um den Weg für Jacob Zuma freizumachen.

2009

Zuma wird trotz umstrittener Vorwürfe wegen Vergewaltigung zum dritten schwarzen Präsidenten gewählt.

2010

In Südafrika wird die Fußball-Weltmeisterschaft ausgetragen.

2012

Am 8. Januar feiert der ANC seinen 100. Geburtstag als älteste politische Organisation Südafrikas, die sich zunehmend Vorwürfen wegen Korruption und Inkompetenz aus der eigenen Wählerschaft ausgesetzt sieht und deshalb erstmals seit Mandelas Aufstieg massiv Wählerstimmen verliert.

1

2

Übernachten & Genießen

Kapstadt und Umgebung

Übernachten

Hotel The Twelve Apostles

Bhangazi Lodge

Feines Hotel am Atlantik zwischen Camps Bay und Hout Bay.
www.12apostleshotel.com

Mount Nelson Hotel

Die historische Luxusherberge (1743) ist eine angesagte Adresse.
www.mountnelson.co.za

Genießen

Luigi Italian Trattoria

Hout Bays Treffpunkt für Fans italienischer Küche.
www.trattorialuigi.co.za

Hout Bays Mariner's Wharf

Fangfrische Austern, Muscheln, Langusten, Tintenfisch und Hummer am Fisch-Imbiss.
www.marinerswharf.com

Theatre on the Bay

Gutes Restaurant mit Cabaret-Café. Hier finden auch Konzerte statt.
www.theatreonthebay.co.za

Stellenzicht Vinyards, 1692

An den Hängen des Helderberg findet man mit Stellenzicht eines der besten Weingüter der Region.
www.stellenzicht.co.za

Steenbergs Catharina's Restaurant

Das 300 Jahre alte Fünf-Sterne-Hotel im Constantia Valley ist ein gefragter Gourmet-Tempel.
www.steenberghotel.com

An den Küsten

Übernachten

Marine Hotel

Die wohl teuerste Wal-Herberge des Landes, in Hermanus.
www.marine-hermanus.co.za

Grootbos Nature Reserve

Die Edelherbergen Grootbos Garden Lodge und Grootbos Forest Lodge bieten beide vorzügliche Restaurants.
www.grootbos.co.za

Panorama Lodge

In Knysna betreiben Dieter und Tina Rangs eines der am schönsten gelegenen B & Bs.
www.panorama-lodge.com

Hog Hollow Country Lodge

Liegt 18 Kilometer östlich von Plettenberg Bay, mit Blick auf die Tsitsikamma-Berge. Schöne Suiten. www.hog-hollow.com

Sea Cottage House

Das bildschöne Stranddomizil in St. Francis Bay (bei Port Elizabeth) ist ein liebevoller Ableger von Hog Hollow.
www.hog-hollow.com

The Farmhouse Seaside-Hotel

Stilvolle Westküstennächte an der Langebaan Lagune, mit Fitness, Wellness, Pool und Wassersport aller Art.
www.thefarmhousehotel.com

Oystercatcher Lodge

Gästehaus mit exzellenten Zimmern und Ausblick auf den Atlantik in St. Helena Bay. Behindertengerechte Ausstattung.
www.oystercatcherlodge.co.za

Oystercatcher's Haven

Das Restaurant mit Seeblick tischt in Paternoster frischeste Seafood-Cuisine auf.
www.oystercatchershaven.com

Clanwilliam Lodge

Country-Lodge nahe den Zederbergen.
www.clanwilliamlodge.co.za

Citrusdal Country Lodge

Zwischen St. Helena Bay und Clanwilliam, Zederberge-Abenteuer mit Wandern, Biken, Golfen, Reiten.
www.citrusdallodge.co.za

Protea Hotel/Evelyn House

Schwesterhotels mit tollem Ambiente in Grahamstown.
www.albanyhotels.co.za

The Cock House

Koloniale Perle (1820) mit viel Charme und VIP-Atmosphäre: Nelson Mandela war hier mehrfach zu Gast.
www.cockhouse.co.za

Genießen

Langebaan

Die drei Szene-Restaurants hier heißen »Pearlys«, »Driftwoods« und »Die Strandloper«.
www.pearlys.co.za,
www.driftwoodslangebaan.co.za,
www.strandloper.com

Paternoster

In einer historischen Fischerkate bietet das »Voorstrand« stilechte Westküsten-Cuisine.
www.voorstrandt.com

Jacobsbaai

Geheimtipp für Ruhesuchende, die mit einem einzigen Restaurant, »The Weskusplek«, zufrieden sind!
www.weskusplek.co.za

Lambert's Bay

Kurz vor Lambert's Bay ist »Muisbosskerm« das beliebteste

3

1 *Knallbunte Architektur in Kapstadts Bo-Kaap-Viertel.*
2 *Brillenpinguine in Simon's Town fühlen sich sichtlich wohl.*
3 *Starke Aufnahme eines Venda-Jungen aus Limpopo.*

Strandrestaurant an der Westküste. An einfachen Tischen im Sand gibt es Seafood zum Festpreis, so viel man essen kann. www.muisbosskerm.co.za

In den Wüsten

Übernachten

Carmens Farmgästehaus
Ein echter deutschstämmiger Straußenfarmer betreibt ein uriges B & B auf seiner Farm Droerivier bei Oudtshoorn. www.danger-online.de/dario

Tswalu Kalahari Reserve
Die drei Luxus-Lodges am Rande der Kalahari bieten einen echten Safari-Traum! www.tswalu.com

Lindbergh Private Game Estate
Die historische Herberge liegt an der Strecke zwischen Johannesburg und Tswalu und versprüht mit kolonialem Ambiente den Charme der alten Zeit. www.lindberghlodge.co.za

Le Must Premier Collection
Die stilvollen Kolonialherbergen der Le Must Premier in Upington bieten selten schönes Ambiente. www.lemustupington.com.

Kamieskroon Hotel
Zwischen Springbok und Kamieskron. Veranstaltet Touren auf der Panoramastraße der Blüten und Foto-Workshops. www.kamieskroonhotel.com

Genießen

Jemima's Restaurant
In Oudtshoorn. Eine der besten Adressen des Landes: Jemimas Karoo-Lamm zergeht auf der Zunge. www.jemimas.com

Rund um Jo'burg

Übernachten

Buffalo Ridge Safari Lodge
Im Madikwe Game Reserve. Wird von Mitgliedern des Stammes der Balete geführt. www.buffaloridgesafari.com.

The Ant Collection
In den Waterberg Mountains mit viel Wildlife für Familien mit Kindern. www.waterberg.net.

Singita Lebombo
Die im Kruger Park auf einem privaten Konzessionsgebiet residierende Luxus-Lodge sowie die benachbarte kleinere Singita Sweni Lodge gehören zu den ganz großen Erlebnissen im Fünf-Sterne-Bereich. www.singita.com

Kirkmans Kamp
Wildlife-Lodges der Sabi Sand Reserve am Sand River, seit den frühen 1920er-Jahren. www.andbeyondafrica.com

Garonga Safari Camp
Charmantes Wildlife-Camp im Makalali-Schutzgebiet. Das Highlight: eine Baumhaus-Plattform ca. 20 Fahrminuten vom Hauptcamp entfernt. www.garonga.com

Genießen

La Madelaine
Außerhalb von Pretoria. Deutsche Betreiber, gute Cuisine. www.lamadeleine.co.za

Durban und KwaZulu-Natal

Übernachten

Zululand Tree Lodge
Wunderschönes Ambiente, Unterbringung in Lodge-Domizilen auf Stelzen. Game Drives in den nahen Hlhuluwe-Umfolozi Game Park möglich. www.ubizane.co.za

Babanango Valley Lodge
Auf halber Strecke zwischen Blood River Monument und Richards Bay an der Küste liegt das ehemalige Farmhaus der Turners. Liebevolle Interieurs, hervorragender Service. www.babanango.co.za

Giant's Castle Rock Lodge
Mitten im Drakensberg-Szenario mit fantastischen Aussichten. www.kznwildlife.com

Rocktail Bay Beach Camp
Traumblick auf den Indischen Ozean und ein gut ausgestattetes Tauchzentrum vor der Tür. www.wilderness-safaris.com

Thonga Beach Camp
Luxus-Strandlodge nahe Lake Sibaya am Indischen Ozean. www.isibindiafrica.co.za

Bhangazi Lodge
4-Sterne-Domizil inmitten eines tropischen Gartens mit großem Pool. Deutsche Eigentümer. www.bhangazi-lodge.com

Genießen

Famous Fish Company
Waterfront, Durban

Saagries Curry Restaurant
Marine Parade, Durban

Südafrika von A bis Z

Anreise

SAA South African Airways (www.flysaa.com) fliegt täglich ab Frankfurt nach Johannesburg und mehrmals wöchentlich mit Anschluss nach Kapstadt. Das Gepäck muss in Johannesburg vor dem Weiterflug entgegengenommen werden – Durchchecken ist nicht möglich. Die reinen Flugzeiten betragen 10 bzw. 11,5 Std. Lufthansa (www.lufthansa.com) fliegt mehrmals wöchentlich via Johannesburg nach Kapstadt, einige Charter-Airlines wie Air Berlin (www.airberlin.com) und Condor (www.condor.com) fliegen ebenfalls nach Südafrika.

Autofahren und Mietwagen

Reisepass und ein internationaler Führerschein mit Foto sind wichtig, zudem eine Kreditkarte für die Kaution. Meist ist es preiswerter, von zu Hause aus einen Wagen zu reservieren. Selbst ungeteerte Straßen sind meist gut befahrbar, es herrscht Linksverkehr. Viele Tankstellen unterhalten einen 24-Stunden-Service, Tanken geht nur mit Barzahlung! Geschwindigkeitsbegrenzungen auf Schnellstraßen 120 km/h, auf Landstraßen 100 km/h, in städtischen Gebieten 60 km/h. Übertretungen können sehr teuer werden, auch hinsichtlich Gurtpflicht, Alkohol und Telefonieren am Steuer. An den Flughäfen sind die großen internationalen Autovermieter wie Avis, Budget, Europcar und Hertz vertreten wie auch eine Reihe südafrikanischer Vermieter. Mitglieder von Automobilclubs aus aller Welt können die Dienste der Automobile Association (AA) kostenlos in Anspruch nehmen, andere müssen eine Gebühr entrichten. Der AA bietet Autoverleih (Avis), internationale Pannenhilfe, Straßenkarten sowie Straßenzustands- und Wetterberichte. Gebührenfreie Notfallnummer: 0861 000 234; www.aa.co.za.

Diplomatische Vertretungen

In Deutschland

Botschaft der Republik Südafrika. Tiergartenstr. 18, 10785 Berlin, Tel. 030-22 07 30, botschaft@suedafrika.org, www.suedafrika.org

In Österreich

Botschaft der Republik Südafrika. Sandgasse 33, A-1190 Wien, Tel. 01-320 64 93 31, vienna.tourism@foreign.gov.za, www.southafrican-embassy.at

In der Schweiz

Botschaft der Republik Südafrika. Jungfraustrasse 1, CH-3500 Bern, Tel. 031-44 20 11, consular.southafrica.ch, www.southafrica.ch

In Südafrika

Botschaft für die Bundesrepublik Deutschland. 180 Blackwood Street, Arcadia, 0083, PO Box 2023, Pretoria, Tel. 0027-(0)12-427 89 00, www.pretoria.diplo.de

Honorarkonsul in Durban

9 Kensington Drive, Westville, 3629, PO Box 1166 Westville, 3630, Tel. 0027-(0)31-266 39 20

Honorarkonsul in Port Elizabeth

Corner of William Moffat and Circular Drive, Walmer, Port Elizabeth 6070, PO Box 211100, The Fig Tree, Port Elizabeth 6033, Tel. 0027-(0)41-97 47 00

Generalkonsulat in Kapstadt

Triangle House, 22 Riebeek Street, Cape Town 8001, PO Box 4273, Cape Town 8000, Tel. 0027-(0)21-405 30 00, www.kapstadt.diplo.de

Elektrizität

Für elektrische Geräte (220/230 V Wechselstrom) benötigt man einen Adapter, den man am besten in einem Elektrogeschäft oder Kaufhaus vor Ort kauft.

Feiertage und Schulferien

Feiertage

- 1. Januar: Neujahr
- 21. März: Tag der Menschenrechte
- Karfreitag
- Ostermontag
- 27. April: Tag der Verfassung
- 1. Mai: Tag der Arbeit
- 16. Juni: Tag der Jugend
- 9. August: Tag der Frau
- 24. September: Tag des Erbes
- 16. Dezember: Tag der Versöhnung
- 25./26. Dezember: Weihnachten

Schulferien

Die südafrikanischen Provinzen vergeben jeweils eigenständige Termine für ihre Ferienzeiten, generell liegen die

1 *Bootsausflug in KwaZulu-Natals Greater St. Lucia Wetland Park.* – 2 *Handwerkskunst, zu sehen und zu kaufen in der alten Goldgräberstätte Pilgrim's Rest.* – 3 *Immer ein Lächeln auf den Lippen: Besucherin eines Fests in Venda, Limpopo.*

zwischen Anfang Dezember bis Mitte Januar (Sommerferien), März und April (Osterferien), Juni und Juli (Winterferien) sowie September und Oktober (Frühlingsferien). Dann sind viele Südafrikaner unterwegs und Unterkünfte wie Campingplätze vielfach ausgebucht oder zumindest ziemlich voll.

Gesundheit

Es sind keine Impfungen bei der Einreise aus der EU und der Schweiz gefordert, die Gelbfieberimpfung nur bei Einreisenden aus einer Gelbfieberzone. Zu empfehlen sind Impfungen gegen Tetanus, Diphterie, Typhus sowie Hepatitis A und B. Eine Malaria-Prophylaxe ist je nach Jahreszeit allen Besuchern der nördlichen Provinzen, des Kruger National Park und der Küste von KwaZulu-Natal anzuraten.
Der effektivste Schutz gegen Moskitostiche sind bedeckte Körperteile (Achtung: Knöchel und Füße beim Tragen von Sandalen!) vor Einbruch der Dunkelheit, intakte Moskitonetze sowie der Gebrauch eines Insektenschutzmittels. Vorsicht ist auch vor den südafrikanischen Zecken geboten, die im hohen Gras lauern. Bilharziose kommt in fast allen Binnengewässern der Limpopo Province vor, sowie in Mpumalanga, KwaZulu-Natal und Eastern Cape (außer in hoch gelegenen oder schnell fließenden Gewässern). Folglich langsam fließende, stehende und flache Gewässer meiden. Achtung: HIV ist in Südafrika weit verbreitet!

Klima

Allgemeingültige Tipps gibt es nicht, die Klimazonen Südafrikas sowie seine Höhenlagen sind zu vielfältig. Für die Ostküste gilt: Tropisch-heißes Wetter im südafrikanischen Sommer mit hoher Luftfeuchtigkeit vor allem zwischen Dezember und Februar, im Winter dagegen trocken und mit bis 24 Grad und teils frischen Winden an der See angenehm mild. Die Kapregion ist das ganze Jahr unberechenbar, im Durchschnitt gemäßigt bis 25 Grad, im südafrikanischen Winter muss mit Wind und Regenwetter gerechnet werden. Die Wüstenregionen des Inlands können im Südafrikawinter nachts bitterkalt werden, ebenso wie das hochgelegene Johannesburg, tagsüber aber mit schönen Sommertagen über 20 Grad angenehm überraschen. Lieber wegbleiben heißt die Devise, wenn im jahreszeitenverkehrten südafrikanischen Sommer die Temperaturen das vertrocknete Land auf 40 bis 50 Grad aufbacken.

Kriminalität

Kriminalität lässt sich keinesfalls nur den Großstädten zuordnen. Allerdings besonders dort sowie in und in der Nähe von Townships ist erhöhte Vorsicht geboten.
Ansonsten sollte man Maßnahmen wie überall in der Welt ergreifen: Beim Tanken das Auto nicht unbeaufsichtigt lassen. In Großstädten sollten stets Fenster und Türen des Wagens geschlossen sein. Wenn man das WC besucht, keine Wertsachen mitnehmen. Keinen auffälligen Schmuck tragen und keine auffälligen Handys präsentieren. Keinesfalls nach Einbruch der Dunkelheit unterwegs sein, da sollte man immer schon am Ziel sein! Sich vorher gut über seine möglichen Wege und Routen informieren. Nur legalisierte Taxis bestellen (Listen dazu haben die meisten Hotels vorliegen) und nicht mit Minibussen oder Sammeltaxis fahren. Bei Exkursionen Bargeld und Dokumente im Hotelsafe lassen. Sich auf einer südafrikanischen Telefonkarte wichtige Notrufnummern abspeichern und diese immer dabei haben.

Mehrwertsteuer

Die Mehrwertsteuer (VAT) in Höhe von 14 % wird jedem Besucher bei der Ausreise im VAT Office des Flughafens zurückerstattet, wenn er Waren im Wert von mehr als 250 Rand gekauft hat und die Belege (beim Kauf nach Quittungen zur Rückerstattung der VAT fragen) zusammen mit dem Reisepass vorweisen kann. Wer Pech hat, sieht sich an den

Südafrika von A bis Z

VAT-Schaltern der Flughäfen mit langen Warteschlangen konfrontiert, und verzichtet …

Notrufnummern

- Polizei: 101 11
- Ambulanz: 101 77
- Ärztl. Notdienst: Tel. 1022
- Kreditkarten-Sperrnummer in D: 0049-116 116, www.sperr-ev.de

Öffnungszeiten

Geschäfte Mo–Fr von 8–17 Uhr, samstags von 8–13 Uhr. In kleineren Ortschaften zwischen 13 und 14 Uhr geschlossen. Supermärkte zwischen 8 und 18 Uhr offen, mancherorts auch sonntags. Behörden sind Mo–Fr von 8.30–15.30 Uhr geöffnet, Tankstellen meist rund um die Uhr besetzt, Postämter von Mo–Fr von 8–16.30 Uhr und samstags von 8–12 Uhr, Banken von 9–15.30 Uhr.

Reisegepäck

Bei Fly-In-Safaris mit kleinen Maschinen werden oftmals Softpacks verlangt, was bei der Gepäckplanung berücksichtigt werden sollte. Schalenkoffer lassen sich gut verschließen. In jedem Fall gilt: Je weniger dabei, desto leichter fällt das Schleppen. Eine Reisegepäckversicherung ist in jedem Falle empfehlenswert.

Reisen mit Behinderung

In den staatlichen Camps der South African National Parks sind behindertengerechte Unterkünfte eingerichtet. Darüber hinaus sind jeweils individuelle Informationen einzuholen bei: Disabled People of South Africa. PO Box 3467, Cape Town 8000,Tel. 021-422 03 57, www.dpsa.org.za

Schlangen

Schlangenbisse sind selten, die meisten der sehr scheuen Tiere flüchten bei Erschütterung. Außer der Puffotter, die merkwürdige Geräusche macht und liegen bleibt. Ein versehentlicher Tritt darauf kann lebensgefährlich sein. Doch selbst bei Bissen gilt: Viele sind sogenannte »Trockenbisse«, die als Warnung gemeint sind, keine der Schlangen mag unnötig ihr überlebenswichtiges Gift vergeuden. Im Ernstfall Panik vermeiden und schnell medizinische Hilfe herbeirufen. Ein Handy mit südafrikanischer Simkarte und abgespeicherten Notfallnummern kann sehr wichtig sein. Tipps zur Vermeidung: Besonders in felsenreichen Gegenden und bei krassen Temperaturunterschieden zwischen heißen Tagen und kalten Nächten Zelte bzw. Zimmer verschlossen halten und kontrollieren. Und nicht unbedacht in Stiefel und Schuhe schlüpfen, es könnte sich ein Skorpion behaglich darin eingerichtet haben!

Sonnenschutz

Sonnenbrille, Sonnenhut und Sonnencreme mit hohem Lichtschutzfaktor sind unerlässlich. Wer zudem in feuchtheißen Zonen wie Kwa/Zulu-Natal unterwegs ist, könnte über den Gebrauch eines Sonnenschirms nachdenken – die hohe Luftfeuchtigkeit macht Hüte und Kappen zu einer schweißtreibenden Angelegenheit

Souvenirs

Südafrikanische Mitbringsel kauft man am besten auf lokalen Märkten, wo sich kräftig Handeln lässt; die Perlenarbeiten der Ndebele und Zulu sind gefragte Souvenirs, wie auch Töpfer- und Weberhandwerk sowie kunstfertig gemalte Bilder. Beim Kauf von Diamanten und Gold und/oder Schmuck ist Vorsicht geboten, am besten nur in Fachgeschäften, z.B. in großen Einkaufszentren in Johannesburg und Kapstadt, außerdem in Durban. Übersteigt der Wert der Waren 250 Rand gibt es auf Antrag an den VAT-Schaltern der internationalen Flughäfen die MWST in Höhe von 14 % (VAT) zurück.

Telefonieren

Telefonieren funktioniert entweder von öffentlichen Telefonzellen über Telefonkarten, die in Postämtern, Supermärkten und Flughäfen erhältlich sind, besser noch mobil mittels einer südafrikanischen SIM-Karte von Vodacom oder MTN, die es gleich an den Flughäfen gibt.

1 *Die südafrikanische Lebensfreude drückt sich in den farbenprächtigen Badehütten Muizenbergs ebenso aus wie* – 2 *im Design dieses Supermarkts und* – 3 *der Fröhlichkeit dieser Kids aus einem Township Graaff-Reinets.*

Internationale Vorwahlen:
- Deutschland: 0049
- Österreich: 0043
- Schweiz: 0041
- Südafrika: 0027

Touristische Informationen

Fremdenverkehrsamt in Deutschland

South African Tourism Friedensstr. 6–10, 60311 Frankfurt, Tel. 0800-118 91 18, www.dein-suedafrika.de
Hilfreiche Websites:
www.ectourism.co.za
www.southafrica.net
www.sanparks.org (Nationalparkbehörde).

Unterwegs im Land

Mit dem Flugzeug

Für Inlandsflüge und Flüge zu den Nachbarländern empfehlen sich SAA-Airlink (www.saairlink.co.za), British Airways (www.ba.co.za), South African Airlines (www.flysaa.com) sowie zahlreiche andere Airlines.

Mit der Bahn

Passagierzüge verkehren zwischen den größeren Städten. Um günstig zu reisen, sollte man sich vorher über spezielle Preisangebote informieren. Die staatliche Eisenbahngesellschaft Spoornet bietet verschiedene Langstreckenverbindungen an, daneben gibt es einige andere Linien wie den Trans-Oranje Express, den Trans-Karoo-Express, den Trans-Natal-Nacht-Express sowie die touristischen Luxuszüge Blue Train (www.bluetrain.co.za), Rovos Rail (www.rovos.com) und Shongololo-Express (www.shongololo.com).

Mit dem Bus

Greyhound (www.greyhound.co.za), Intercape Mainliner (www.intercape.co.za), Translux Express (www.translux.co.za) und Baz Bus (www.bazbus.com, für Backpacker) bieten Verbindungen an.

Versicherungen

Eine Auslandskrankenversicherung mit Rücktransport im absoluten Notfall sollte abgeschlossen sein. Behandlungs- und Krankenhauskosten sind gleich vor Ort zu bezahlen, also Kreditkarte im Krankheitsfall parat haben. Die ärztliche Versorgung wie auch die Krankenhäuser in Südafrika haben europäisches Niveau, Botschaften und Hotels vermitteln entsprechende Kliniken und auf Wunsch deutschsprachige Ärzte.

Visa

Für Besucher aus der EU und der Schweiz besteht keine Visumpflicht, der Reisepass muss aber noch mindestens drei Monate nach der eigenen Rückkehr aus Südafrika gültig sein. Weitere Infos gibt es unter www.suedafrika.org

Zahlungsmittel

Die Währungseinheit in Südafrika ist der Rand = 100 Cent, der ebenso in den benachbarten Ländern Lesotho, Namibia, Swasiland und Botswana als Zahlungsmittel akzeptiert wird. Geldwechsel & Banken: Reiseschecks (Euro oder US-Dollar) sind das sicherste Zahlungsmittel. Größere Bargeldsummen sollten nicht mitgeführt werden, in größeren Städten kann man sich sicherer an Bankautomaten bedienen, EC-Karte mit Maestro-Zeichen und Geheimnummer genügen. Internationale Kreditkarten werden von den meisten Hotels, Geschäften, Restaurants und Reiseunternehmen akzeptiert, aber nicht von Tankstellen!

Zeitverschiebung

Im Sommer besteht kein Unterschied, im Winter eine Stunde zur MESZ.

Zoll

Einreise: Persönliche Gebrauchsgüter wie Kleidung, Schmuck, Sportgeräte, Foto- und Film sind zollfrei. Geschenke im Wert von 500 Rand dürfen eingeführt werden sowie 5000 Rand in bar, Traveller Cheques und ausländische Währungen in unbegrenzter Höhe.
Ausreise: Achtung! Die Ausfuhr von Trophäen bedarf einer Sondergenehmigung, die von gefährdeten Pflanzen und Produkten aus Tieren, Elfenbein oder dem Horn des Nashorns ist nach dem Washingtoner Artenschutzabkommen verboten.

1

2

Register

Orts- und Sachregister

Addo Elephant National Park 72, 145
Amalienstein 71
Augabries Falls 97

Blyde River Canyon 103, 108
Botshabelo 111
Boulders Beach 28
Buffalo City 72
Buffels Bay 71

Calitzdorp 71
Camps Bay 35
Cape Agulha 68
Cape Point 43
Cape St. Lucia 136
Cederberg Mountains s. Zederberge
Cederberg Wilderness Area 98
Ceres 98
Chapman's Peak Drive 44
Citrusdal 98
Clanwilliam 63
Clifton Beach 44
Coffee Bay 75
Crocodile River 27

De Kelders 64
Devil's Tooth 132
Drakensberge 103, 111, 132, 135, 144
Drakenstein 51
Durban 127

Elandsbaai 63
Eshowe 24

Fairy Glen Game Reserve 28
False Bay 47
Fish River Canyon 64
Franschhoek 20, 48, 51

Gaansbai 67
Garden Route 67, 71, 145
George 71, 145
Geyser Island 67
Giant's Castle Game Reserve 132
Goukamma Nature Reserve 71
Graaf-Reinet 84
Grahamstown 145
Graskop 111, 144
Grootswartberge 84
Große Karoo 71, 81

Hermanus 64, 67, 146
Hluhluwe-Umfolozi Game Park 135
Hotazel 93
Hottentotsholland Mountain Range 23
Hout Bay 36, 44

ISimangaliso Wetland Park 136

Johannesburg 27, 103 f., 145 f.

Kalahari 86, 94
Kamfers Dam 90
Kamieskroon 98
Kapstadt 20, 23, 28, 35, 39, 145
Karoo National Park 84
Keitum 67
Kgalagadi Transfrontier National Park 81, 89, 94
Kgodwana 111
Klein-Aus 64
Kleine Karoo 68, 84
Kleinswartberge 84
Knysna 64, 71
Kommetjie 44
Kosi Bay 136
Kosi Bay Nature Reserve 140
Kruger National Park 27, 32, 93, 103, 108, 123, 144
Kuruman 93
KwaZulu-Natal 24

Ladismith 68
Ladysmith 132
Lake St. Lucia 139
Lambert's Bay 23, 63
Langebaan 60, 63
Langeberg Mountains 68, 94
Lapalala Wilderness Area 108
Lesotho 32, 144
Lionshead 40
Llandudno 44
Lost City 144
Lüderitz 64

Madikwe Game Reserve 28
Mafadi Peak 132
Manguzi 140
Matjesfontein 84
Molopo 89
Morgan's Bay 75
Mossel Bay 68, 71
Mpumalanga 111
Muizenberg 47

Namaqualand 81, 98
Newcastle 132
Noordoever 64
Nordhoek 47

Ost-Kap 64
Oudtshoorn 84, 86

Paarl 20, 48, 51
Paternoster 60, 145
Paulpietersburg 135
Pietermaritzburg 131
Pilanesberg National Park 108, 144
Pilgrim's Rest 108, 111, 144
Plettenberg 71
Plettenberg Bay 67
Port Edward 75
Port Elizabeth 71
Port St. Johns 75

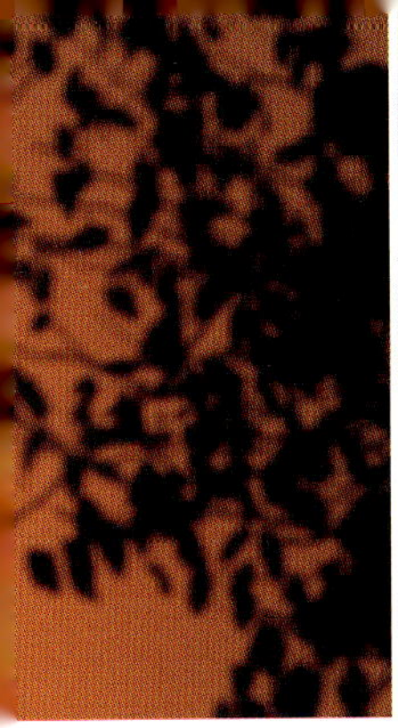

1 *Webervögel besetzen mit ihren Nestern gerne Strommasten.* – 2 *Giraffen orientieren sich lieber in die höhergelegenen Baumregionen.* – 3 *In den Drakensbergen kann man endlose Blumenwiesen entdecken.*

Pretoria 107, 145
Prince Albert 71, 84

Robben Island 35, 47 f.
Royal Natal National Park 131

Sabie 111, 144
Sabie River 27
Saint James 47
Scarborough 47
Sea Point 44
Seal Island 47
Signal Hill 36
Simon's Town 28, 44, 47
Sodwana Bay 140
Sodwana Bay National Park 139
Sossusvlei 64
Soweto 27, 43, 103, 145
St. Helena's Bay 60
Stellenbosch 20, 48, 57
Strandfontein 64
Sun City 108, 144
Swartkransberge 67
Swasiland 32
Swellendam 68, 145

Tafelberg 20, 36, 40
Thana Ntlenyana 132
Transkei 75, 77
Tsitsikamma National Park 59, 64, 71
Tulbagh 51
Twelve Apostles 40

uKhahlamba Drakensberg Park 132
Ulungi 132
Umgeni Valley Nature Reserve 131
Upington 97

Velddriff 63
Vryhei 132

Walker Bay 64
Warmbad 108
Waterberg Mountains 108
Wellington 48, 51
West Coast 59
West Coast National Park 60, 145
Westkap 60
Wild Coast 75
Wilderness National Park 71
Witteberg 84
Witzenberg 98
Wupperthal 63

Yzerfontein 60, 145

Zederberge 63, 84, 98, 101
Zoar 71

Personenregister

Anreith, Anton 39

Biko, Steve 147
Boler, Stephan 93

Christie, Agatha 47
Clegg, Johnny 24

D'Urban, Benjamin 128
Da Gama, Vasco 20, 44
De Klerk, Frederik 147
De Saldanha, Antonio 20, 147
Diaz, Bartolomeus 20, 43, 147
Dollar Brand s. Ibrahim, Abdullah
Drake, Sir Francis 20, 44, 147

Fehr, William 36

Gandhi, Mahatma 128
Goldberg, Whoopi 24
Graue, Johann-Georg 48, 51

Ibrahim, Abdullah 24, 27

Jackson, Michael 24

Kipling, Rudyard 44
Kruger, Paul 27, 107
Kruiper, David 89

Mahlangu, Esther 111
Mandela, Nelson 27, 36, 47, 107, 145, 147
Mbeki, Thabo 147
Michener, James A. 20

Ngema, Mbongeni 24

Oppenheimer, Ernest 90
Oppenheimer, Nicky 94

Rhodes, Cecil 39, 47, 90

Simon, Paul 24
Stevenson-Hamilton, James 27

Turner, Tina 24
Tutu, Desmond 39, 145

Van der Steel, Simon 47, 145
Van Riebeeck, Jan 20, 36, 39, 147

Zuma, Jacob 147

Impressum

Der Fotograf

Dirk Bleyer wurde 1964 in der Nähe von Heidelberg geboren und lebt seit vielen Jahren in Berlin. Schon während seines Studiums der Luft- und Raumfahrttechnik entwickelte er eine große Leidenschaft für Fotografie und Reisen. Seit nunmehr zehn Jahren produziert Dirk Bleyer Diamultivisionen und arbeitet als freier Fotojournalist und Reiseerzähler für renommierte Veranstalter in Deutschland, Österreich und der Schweiz. Im Zuge jahrelanger Aufenthalte in Afrika und Asien hat er eine intensive Beziehung zu diesen Kontinenten aufgebaut und eine besondere Sensibilität für die Menschen, die Natur sowie die kulturellen und mentalen Eigenarten der Länder entwickelt.

Der Autor

Roland F. Karl produziert seit 35 Jahren als freier Autor und Fotograf Reisereportagen, u.a. für »Die Zeit«, »Stern«, »Handelsblatt« und verschiedene Reisemagazine. Darüber hinaus ist er mit seinen Texten und Bildern an zahlreichen Buchpublikationen beteiligt. Die Länder des südlichen Afrikas bereiste er mehrfach, wobei ihn vor allem die weiten, größtenteils menschenleeren und naturbelassenen Landschaften beeindrucken – und deren exotische Bewohner.

Bildnachweis

Alle Bilder des Innenteils und des Umschlags stammen von Dirk Bleyer mit Ausnahme von:

Bildagentur Huber, Garmisch-Partenkirchen: S. 62 u. (Bäck), 138 o., 138 u., 139 (PhotoSky 4t com), 129 u., 141, 142 (Picturefinder);
Shutterstock (www.shutterstock.com): S. 67 u. (FAUP), 65 u. (Gibasiewicz, A.), 67 o., 67 M. (Natursports), 65 o. (Roadworks), 71 (Stander, P.), 62 o. (Steele, D.), 66 o. (Wollinga, P.), 64 (Quanjer, A.)

Umschlag

Vorderseite: Blick auf Kapstadt und den Tafelberg (Shutterstock/michaeljung)
Rückseite: Elefant im Kruger National Park.

S. 2/3: Giraffen sind in fast allen Nationalparks in Südafrika anzutreffen.
S. 5: Der König der Tiere und einer der legendären Big Five.
S. 6/7: Traumbucht an Südafrikas Küste.
S. 158/159: Idyllisch: das Weingut Montellier in Tulbagh.

Produktmanagement: Stephanie Iber
Layout: graphitecture book, Rosenheim
Korrektorat: Michael Konze, Köln
Repro: Repro Ludwig, Zell am See
Umschlaggestaltung: Ulrike Huber, www.uhu-design.de, Kolbermoor
Kartografie: Astrid Fischer-Leitl, München
Herstellung: Bettina Schippel, Barbara Uhlig
Printed in Slovenia by Florjancic Tisk d.o.o.

Für Hinweise und Anregungen sind wir jederzeit dankbar. Bitte richten Sie diese an:
Bruckmann Verlag
Postfach 40 02 09
D-80702 München
E-Mail: lektorat@bruckmann.de

Die Deutsche Nationalbibliothek verzeichnet diese Publikation in der Deutschen Nationalbibliografie; detaillierte bibliografische Daten sind im Internet über http://dnb.d-nb.de abrufbar.

ISBN 978-3-7654-6051-7

In gleicher Reihe erschienen …

ISBN 978-3-7654-5645-9

ISBN 978-3-7654-5854-5

ISBN 978-3-7654-5644-2

ISBN 978-3-7654-6025-8

ISBN 978-3-7654-5853-8

ISBN 978-3-7654-5647-3

ISBN 978-3-7654-6026-5

ISBN 978-3-7654-5643-5

ISBN 978-3-7654-5821-7

ISBN 978-3-7654-5535-3

ISBN 978-3-7654-5646-6

ISBN 978-3-7654-5649-7

ISBN 978-3-7654-5372-4

ISBN 978-3-7654-6051-7

ISBN 978-3-7654-5642-8

ISBN 978-3-7654-5648-0

ISBN 978-3-7654-5650-3

ISBN 978-3-7654-5865-1

BRUCKMANN

www.bruckmann.de